À mon rayon de soleil
en souhaitant que ce livre
puisse t'apporter les outils
nécessaires pour trouver tes
réponses !

merci de faire partie
de ma vie !

Martin
ton ange !
x ♡ x ♡ x ...

371
/

Ces pères qui ne savent pas aimer

pas aimer

et les femmes qui en souffrent

Données de catalogage avant publication (Canada)

Brillon, Monique

    Ces pères qui ne savent pas aimer: et les femmes qui en souffrent

    1. Pères et filles.   2. Pères - Attitudes.   I. Titre.

HQ755.85.B74 1998   306.874'2   C98-940978-3

© 1998, Les Éditions de l'Homme,
une division du groupe Sogides

Tous droits réservés

Dépôt légal: 3ᵉ trimestre 1998
Bibliothèque nationale du Québec

ISBN 2-7619-1449-X

DISTRIBUTEURS EXCLUSIFS:

• Pour le Canada et les États-Unis:
MESSAGERIES ADP*
955, rue Amherst,
Montréal, Québec
H2L 3K4
Tél.: (514) 523-1182
Télécopieur: (514) 939-0406
* Filiale de Sogides ltée

• Pour la Belgique et le Luxembourg:
PRESSES DE BELGIQUE S.A.
Boulevard de l'Europe 117
B-1301 Wavre
Tél.: (010) 42-03-20
Télécopieur: (010) 41-20-24

• Pour la Suisse:
DIFFUSION: ACCES-DIRECT SA
Case postale 69 - 1701 Fribourg - Suisse
Tél.: (41-26) 460-80-60
Télécopieur: (41-26) 460-80-68
DISTRIBUTION: OLF SA
Z.I. 3, Corminbœuf
Case postale 1061
CH-1701 FRIBOURG
Commandes: Tél.: (41-26) 467-53-33
                  Télécopieur: (41-26) 467-54-66

• Pour la France et les autres pays:
INTER FORUM
Immeuble Paryseine, 3, Allée de la Seine
94854 Ivry Cedex
Tél.: 01 49 59 11 89/91
Télécopieur: 01 49 59 11 96
Commandes: Tél.: 02 38 32 71 00
                  Télécopieur: 02 38 32 71 28

Monique Brillon

Ces pères qui ne savent pas aimer

et les femmes qui en souffrent

LES ÉDITIONS DE
L'HOMME

À mon père, qui m'a donné la vie, et à Robert Leroux,
qui m'a aidée à naître à moi-même.

Avant-propos

Ce livre traite du rôle du père dans le développement de l'identité de la fille. Pour rendre la théorie plus concrète et plus vivante, de nombreux exemples viennent illustrer les différents aspects de la relation père-fille. Dans la présentation de ceux-ci, un peu à la manière du jeu des éclairages lors du tournage d'un film, la lumière a été focalisée sur le rôle du père, pendant que d'autres aspects ont été délibérément laissés dans l'ombre. Le développement de l'identité, c'est-à-dire l'image que l'on se fait de soi-même, est un phénomène complexe, qui met en jeu plusieurs facteurs en interaction les uns avec les autres. Pour respecter le propos du livre, il était nécessaire de ne retenir que les éléments pouvant illustrer l'apport du père à l'identité féminine. J'ai parfois abordé d'autres aspects, le rôle de la mère, par exemple, ou l'importance particulière d'un facteur social, dans les cas où il était inséparable du rôle joué par le père et nécessaire à sa compréhension.

Les exemples cliniques contenus dans ce livre sont issus de la vie réelle. Je me suis servie de mon expérience personnelle avec mon père et des récits de femmes que j'ai connues dans ma vie privée (collègues de travail, amies, etc.) ou dans mon travail de psychologue et de psychothérapeute. J'ai choisi ces exemples en fonction de leur universalité. Il est donc possible que certaines personnes aient l'impression de se reconnaître ou de reconnaître quelqu'un de leur entourage. Lorsqu'on dépasse les événements et caractéristiques extérieures qui font de l'histoire de chacun une histoire unique et qu'on s'attarde à ce qu'il y a de fondamental chez l'être humain, c'est-à-dire les émotions, les mécanismes de fonctionnement psychique de la personnalité, on trouve entre les êtres des parentés étonnantes. Notre histoire est à la fois originale, chacun vivant quelque chose d'unique du seul fait qu'il est ce qu'il est, qu'il est né dans telle famille, a vécu avec tels parents et a connu telle ou telle expérience. Notre unicité fait notre richesse. Cependant, notre individualité rejoint quelque chose d'universel parce que nous sommes des êtres humains qui partageons une sensibilité, des pulsions et des besoins avec nos semblables. C'est là le côté rassurant de notre difficulté de vivre: lorsque nous souffrons, nous ne sommes pas les seuls à connaître de tels sentiments.

Introduction

Il n'est pas rare que le sujet des relations hommes-femmes vienne alimenter les conversations entre femmes. Plusieurs déplorent la difficulté de communiquer, sur un plan personnel, avec l'ami ou le conjoint. À les entendre, on a l'impression que les hommes et les femmes ne parlent pas le même langage. Le titre du livre de John Gray, paru il y a quelques années, *Les hommes viennent de Mars, les femmes viennent de Vénus*[1], peut faire sourire, mais il témoigne d'un sentiment partagé. Pourtant, par-delà cette difficulté, nous souhaitons tous, hommes et femmes, parvenir à nous comprendre et à nous aimer.

L'expression de ce malaise si souvent exprimé laisse percer, particulièrement chez les femmes, un sentiment de solitude dont la fréquence oblige à la réflexion. Les importants changements suscités par le mouvement de libération féminine des dernières décennies ne semblent pas avoir rendu les femmes plus heureuses. Elles ont marqué des points dans la conquête de leur reconnaissance comme sujet à part entière et taillé leur place sur le marché du travail. L'autonomie financière est maintenant à leur portée. Mais il apparaît qu'elles souffrent de plus en plus de la solitude. Ressentant souvent un manque d'amour, un vide affectif, elles se tournent vers les hommes dans l'espoir de combler ce vide relationnel. Et là, elles expérimentent trop souvent des échecs plus douloureux les uns que les autres. À mesure que ceux-ci s'accumulent, le doute, l'angoisse et la dépression s'intensifient. Certaines iront même jusqu'à remettre en question les luttes entreprises par leurs aînées. D'autres, celles qui ont le plus souffert de l'infériorisation des femmes au sein de la

---

1. Gray, John, *Les hommes viennent de Mars, les femmes viennent de Vénus*, Montréal, Éditions Logiques, 1992.

société, refusent de revenir en arrière, mais elles déplorent la réticence des hommes à prendre part aux changements. Aurions-nous fait erreur à ce point? J'en doute.

Je ne crois pas non plus que les hommes veuillent demeurer sur leurs positions. Au contraire, nombre d'entre eux ont pris conscience d'avoir pâti, eux aussi, d'une organisation sociale qui leur a attribué une image de force difficile à soutenir et dans laquelle ils ne se reconnaissent pas nécessairement. Les périodes de bouleversements des valeurs sociales entraînent inévitablement des crises révélant qu'il y a un problème. Revenir en arrière ne mènerait nulle part, et c'est de toute manière impossible. Il ne reste qu'une seule solution: poursuivre notre effort de compréhension afin de trouver un meilleur équilibre entre les sexes et tenter de combler le fossé qui les sépare. Plutôt que du découragement, je préfère trouver là une source de stimulation qui met notre créativité à contribution.

Ce malaise que l'on peut associer à la difficulté d'être femme étant si courant, il est tentant de le croire commun à l'ensemble des femmes et à en tenir pour responsable la société ou l'attitude des hommes. Mais ce ne sont pas toutes les femmes qui en souffrent. Certaines d'entre elles, qui vivent pourtant dans le même monde, parviennent mieux que d'autres à se sentir bien dans leur peau. Et toutes celles qui ressentent ce malaise ne le vivent pas avec la même intensité. Certes, la réalité de la place faite à la femme dans la société entre en jeu et les efforts pour la faire reconnaître doivent se poursuivre. Toutefois, accuser la société, ou les hommes, n'apporte aucune aide concrète et immédiate à celles qui souffrent. Certaines situations peuvent nous paraître déplorables, mais nous n'avons pas souvent le pouvoir de les changer. Ce que nous pouvons modifier, par contre, c'est la perception que nous en avons et notre attitude par rapport à ces situations. Je suis persuadée que par cette voie chaque femme peut arriver à retrouver une sécurité et une assurance intérieure qui la feront se sentir mieux dans cette société. Pour amorcer ce changement, il est nécessaire de bien se connaître et de savoir identifier ce qui nous caractérise individuellement.

Du temps de nos parents, les rôles des hommes et des femmes étaient bien définis et chacun s'y cantonnait avec plus ou moins d'aisance. Ces rôles contribuaient à définir *de l'extérieur,* à partir de comportements bien campés socialement, les identités masculine et féminine. Cette définition à partir des rôles avait quelque chose de rassurant: ils représentaient des repères visibles, observables et mesurables. Maintenant que ces rôles ont été remis en question, les repères servant de base à la définition de ce que nous sommes ont disparu, et nous tentons d'avancer hors des sentiers battus. Il nous faut désormais trouver notre sécurité *à l'intérieur de nous-mêmes,* redéfinir individuellement ce que sont un homme et une femme, un père et une mère, et cela non pas à partir du «faire», mais à partir de l'«être». En étudiant les caractéristiques individuelles qui diffé-rencient les femmes les unes des autres et déterminent leur aptitude à se sentir bien et heureuses d'être femmes, il est possible de mieux comprendre la nature du malaise de celles qui souffrent. Je crois que ces différences se situent en partie au sein de l'identité.

Madeleine Chapsal, dans son livre intitulé *Une soudaine solitude,* rapporte un propos souvent tenu par les femmes: «J'ai besoin d'un homme qui me déclare que je suis la plus belle, la plus charmante, qu'il me préfère à toutes les autres[2]....» Ces paroles témoignent de la présence d'une représentation de soi dominée par le regard amoureux de l'homme. Sans ce regard, la femme se sent vide et in-signifiante, comme si son essence profonde dépendait de ce regard. Ce sentiment d'inconsistance, ce doute sur sa valeur personnelle, d'où provient-il?

Les blessures laissées par les attentes déçues dans la relation père-fille sont souvent à l'origine de ce besoin, omniprésent dans les échanges avec le partenaire amoureux. Démesuré et anachro-nique, il est souvent impossible à combler et contribue à nourrir des tensions et des malentendus au sein du couple. La femme attend de l'homme l'amour, l'attention et la reconnaissance que son père lui a refusés, ce qui ne peut manquer de faire fuir son partenaire qui, lui, est souvent aux prises avec les séquelles d'une relation étouf-fante avec une mère trop envahissante. Devant la dérobade de l'homme, bien souvent la femme s'effondre. Elle se trouve alors en proie à un sentiment de vide intérieur qu'elle cherchera à combler dans une nouvelle quête amoureuse. La répétition de l'échec ne peut que creuser plus profondément sa blessure, et la femme risque

---

2. Chapsal, Madeleine, *Une soudaine solitude,* Paris, Fayard, coll. «Livre de poche», 1995, p. 48.

d'être progressivement envahie par des affects dépressifs et de voir s'intensifier la perception négative qu'elle a d'elle-même.

La relation père-fille engendre-t-elle toujours un tel sentiment de vide? Certaines identifient sans peine une blessure semblable, mais d'autres, qui souffrent elles aussi d'un malaise identitaire, reconnaissent malgré tout avoir été aimées par leur père. Comment expliquer alors ce sentiment de vide? Quelles en sont les causes? Qui sont ces pères, et comment ont-ils aimé leurs filles? De quelle nature est la blessure que la femme transporte dans ses relations amoureuses à l'âge adulte? Comment peut-elle en guérir? Voilà les questions auxquelles je tenterai de répondre dans ce livre.

Si j'en suis venue à m'intéresser à ce sujet, c'est qu'il m'est arrivé, à moi aussi, de ressentir cette difficulté d'être femme. J'ai cherché à en comprendre l'origine. Je me suis intéressée à mon histoire et j'ai tenté d'écouter ce qu'elle avait à m'apprendre sur moi. Ce voyage intérieur m'a révélé, entre autres, l'existence d'une blessure dans la relation avec mon père, blessure dont j'ignorais l'importance et que j'avais longtemps tenue à l'écart de ma conscience. Une telle démarche intérieure permet de modifier la perception de soi-même, ainsi que le regard que l'on pose sur l'homme et la société.

Par ailleurs, écouter mes patientes parler de leur malaise m'a souvent menée à la même découverte. J'ai constaté combien la relation au père peut laisser de profondes cicatrices dans le cœur de la femme adulte et comment elles marquent sa vie, plus précisément sa perception d'elle-même. Aussi, me suis-je intéressée aux sources de la construction de l'identité, au matériau qui contribue à la façonner. Certaines questions ont guidé ma réflexion: Qu'est-ce qu'être un homme, une femme, aujourd'hui? Comment se développe le sentiment intérieur de l'identité masculine ou féminine? Comment pouvons-nous maintenir l'égalité entre hommes et femmes tout en affirmant notre différence? Ces interrogations m'ont conduite à la conception de ce livre portant sur le rôle du père dans la formation de l'identité féminine. Je voudrais, par cette contribution, aider les femmes qui, comme moi et tant d'autres, ont été blessées dans leur relation père-fille et ainsi leur permettre d'identifier leur mal et de l'apprivoiser. Ce faisant, elles parviendront peut-être à s'en guérir et à se réconcilier avec le premier homme de leur vie, et sans doute le plus important. J'espère aussi aider les pères à se rapprocher de leurs filles, à leur apprendre à ne pas en avoir peur et à comprendre l'importance de leur rôle auprès d'elles. Cet ouvrage se veut un effort créateur pour rapprocher un peu plus les hommes et les femmes.

Jusqu'à présent, les théoriciens ont abondamment parlé du rôle de la mère dans le développement de l'enfant, mais bien peu ont abordé celui du père, hormis son rôle mythique. On compte peu d'études approfondies sur les relations père-enfant et le silence qui entoure la relation père-fille est encore plus grand. On peut trouver de nombreux écrits portant sur la relation incestueuse, mais à peu près rien sur toute autre forme de lien. Comme s'il n'y avait que deux situations possibles: ou bien le père est incestueux, ou bien il est absent! Pour se renseigner sur le rôle du père dans le développement de l'identité de la fille, on doit le plus souvent se contenter de quelques paragraphes insérés dans des descriptions plus générales du processus. Et pourtant l'influence du père est primordiale et déterminante, particulièrement dans le développement de l'identité.

Le présent ouvrage est une synthèse des informations recueillies au cours de mes recherches et de ma réflexion sur le sujet. Je me propose d'examiner en profondeur la relation père-fille en m'attardant au rôle du père dans le développement de l'identité (qui suis-je?) et de l'identité sexuelle (qu'est-ce qu'être une femme?). Je tenterai également d'évaluer l'impact de cette relation sur le malaise féminin dans notre société, et plus particulièrement sur les tensions vécues au sein de l'identité. Cette synthèse tient compte, dans une optique élargie, des fantasmes inconscients qui sont en jeu dans les relations homme-femme — dont la relation père-fille n'est qu'une variante — et qui, à mon avis, contribuent à la difficulté de la rencontre entre le père et sa fille.

Nous allons d'abord plonger ensemble au cœur de la vie des femmes d'aujourd'hui afin de voir comment s'exprime leur malaise et de quelle façon il est vécu intérieurement. Nous rencontrerons des femmes meurtries qui éprouvent à des degrés divers des malaises d'identité, et qui ont souvent le sentiment de «s'être perdues quelque part».

Puis, nous pénétrerons plus avant dans l'intimité de ces femmes et nous tenterons d'identifier la provenance et le développement de ce sentiment d'égarement. Nous découvrirons que le père est

absent, soit physiquement, soit parce qu'il n'a pas su remplir adéquatement son rôle auprès de sa fille qui devient femme.

Nous serons alors en mesure d'aborder les deux chapitres sui-
vants, plus théoriques. L'un expliquera ce qu'est l'identité, quelles en
sont les différentes composantes et comment elle s'épanouit, tandis
que l'autre éclaircira le rôle crucial du père dans le processus.

Je m'interrogerai ensuite sur les causes qui rendent la rencontre
entre le père et sa fille si difficile. Quelles sont les demandes de
cette petite fille par rapport à ce père qu'elle idéalise? Et cet homme
blessé, en manque de père lui-même et qui a été souvent trop aimé
par sa mère, que lui arrive-t-il lorsqu'il se trouve devant une petite
fille ayant de si grandes attentes envers lui? Nous verrons que les
mêmes fantasmes inconscients agissent de part et d'autre et qu'ils
compliquent la relation entre cet homme adulte et cette femme en
devenir.

Le dernier chapitre sera consacré à une réflexion sur la façon
de soigner les blessures du père et nous y verrons comment faire
évoluer les mentalités pour faciliter la rencontre entre les pères et
les filles des futures générations. Les mentalités ne progressent pas
au même rythme que les mutations des rôles sociaux, ceux-ci
précédant souvent les changements personnels. C'est auprès des
individus qu'il faut en premier lieu intervenir, afin de leur permettre de trouver un sentiment de sécurité nécessaire pour briser le
cercle vicieux de l'incompréhension entre pères et filles.

Un chagrin d'amour oublié

Tu as oublié ton enfance. Des profondeurs de ton âme elle cherche à reprendre possession de toi. Elle te fera souffrir jusqu'à ce que tu entendes son appel.

Hermann Hesse, *Narcisse et Goldmund*

IL ÉTAIT UNE FOIS... UNE HISTOIRE D'AMOUR

Longtemps j'ai cru ne pas aimer l'opéra. Je prétendais ne pas être touchée par ces grands airs pathétiques, culminant dans un éclat de rire grotesque ou se métamorphosant en d'effroyables sanglots. Tout cela m'apparaissait artificiel et caricatural. Pas émue, moi? Bien au contraire... mon irritation me trahissait! Au fond, je savais bien que cette musique me rappelait les pénibles samedis de mon enfance, lorsque mon père écoutait religieusement les *Matinées du samedi* à la radio et qu'il me fallait faire silence pour ne pas l'importuner...

Quand j'ai atteint le début de la trentaine, mes amies s'intéressaient à l'opéra. Pour ne pas être en reste, j'ai décidé de passer outre mes préjugés et de prendre mon premier abonnement à l'Opéra de Montréal (culture oblige!).

La première représentation à laquelle j'ai assisté était l'opéra de Georges Bizet, *Les pêcheurs de perles*. Dès l'ouverture, j'ai été envoûtée. Les décors, les costumes, la mise en scène, les très beaux airs merveilleusement chantés, tout contribuait à m'éblouir. Ces chanteurs dont je m'étais si souvent moquée me touchaient maintenant profondément. Quelle n'a pas été ma surprise à un certain moment donné de m'entendre fredonner intérieurement un air familier et de découvrir qu'il provenait de cet opéra! J'en connaissais presque toutes les paroles! À mon insu, je les avais mémorisées quand j'étais enfant, sans doute en écoutant chanter mon père:

> Oui, c'est elle, c'est la déesse
> Si charmante et cruelle
> Oui, c'est elle, c'est la déesse
> Qui descend parmi nous.

C'était l'air célèbre intitulé *Au fond du temple saint*. J'étais émue aux larmes. À mon émerveillement, je suis sortie tout à fait conquise de cette première rencontre avec ce grand art.

Depuis, j'ai fidèlement repris mes abonnements et il m'est arrivé souvent de revivre la même expérience. Lorsque j'écoute un air, une émotion s'empare vivement de moi, je me surprends de le reconnaître, de pouvoir en chantonner la mélodie et parfois même de me souvenir des paroles en entier.

Ce contraste entre ma passion récente pour l'opéra et l'ennui, l'irritation qu'il faisait naître en moi jadis m'a intriguée. Pour que le souvenir de ces mélodies me revienne avec autant de netteté, il a bien fallu qu'enfant j'y porte une grande attention et que j'y trouve une joie particulière! Peu à peu, d'autres souvenirs se sont ajoutés aux premiers. Je me suis revue petite fille, observant mon père, non pas pendant qu'il écoutait ses airs favoris à la radio, mais lorsqu'il les chantait lui-même. J'ai découvert avec étonnement et amour un homme passionné. Je l'ai senti vibrer aux paroles de ces tristes chansons. Lui que j'ai connu par ailleurs si distant, si froid et silencieux, si peu communicatif, tout à coup, par la magie du chant, je l'ai vu s'animer à l'évocation d'une «belle» dont il se disait, par l'intermédiaire des paroles empruntées à l'un de ces personnages de scène, follement épris, et qui l'avait cruellement abandonné: «... la fleur que tu m'avais jetée, dans ma prison m'était restée... ».

C'est alors que j'ai compris jusqu'à quel point j'avais moi-même passionnément aimé, en silence, cet homme, mon père. Quand je le regardais, je ressentais profondément en moi ce qui l'émouvait. Je m'imaginais savoir ce qui le rendait malheureux. Comme Michaëla, silencieusement éprise de Don José qui l'ignore et lui préfère la cruelle et frivole Carmen, j'espérais qu'il verrait mon amour et qu'il réaliserait combien je pouvais le comprendre! Mais lui, tel Don José, ne s'apercevait de rien...

Triste histoire d'amour, dont j'ai longtemps ignoré l'existence! Il m'a fallu parcourir un long chemin à l'intérieur de moi-même pour la retrouver. Ma pratique clinique quotidienne m'a appris que beaucoup d'autres femmes ont connu et oublié une histoire d'amour semblable et ignorent combien elle a marqué profondément leur vie. Notre père a été le premier homme de notre vie, notre premier amour. Et un premier amour, surtout s'il a été déçu, laisse des marques indélébiles et influence sans qu'on le sache nos amours ultérieures. Bien plus, cette première rencontre avec un homme laisse une empreinte dans la perception que l'on a de soi-même comme femme et colore notre identité.

LA DOULEUR DONT ON IGNORE LA PROVENANCE

Plaisir d'amour ne dure qu'un moment, chagrin d'amour dure toute la vie... Cet air bien connu sait toujours nous rejoindre et soulever en nous la nostalgie d'un amour déçu, sans qu'on en soupçonne toujours la profondeur. J'entends parfois des femmes me parler, au début d'une consultation, de la bonne relation qu'elles ont eue avec leur père et souligner le climat d'affection et de complicité qui régnait entre eux. Mais souvent, après un certain temps de travail où nous tentons de comprendre l'origine du malaise qui les a conduites jusqu'à moi, elles découvrent avec étonnement que, derrière le souvenir d'une relation de tendresse et d'affection avec ce père aimé et admiré, se cache une blessure. D'où vient-elle? Où ce père aimant a-t-il manqué?

Afin de comprendre l'origine de cette blessure, il faut d'abord tenter de voir à quoi elle ressemble, et savoir la reconnaître. Pour mieux la saisir, entrons dans l'intimité de quelques femmes. Mais attention, nous pénétrons dans un magasin de porcelaine! Allons-y doucement, retenons nos jugements préconçus et ouvrons nos oreilles et nos cœurs afin d'accueillir leurs confidences. Pour nous révéler leur vécu intime, ces femmes retirent prudemment leur armure et révèlent leur fragilité. Gardons-nous de les effaroucher et de les braquer dans une attitude défensive, qui mettrait immédiatement un terme à notre espoir de comprendre ce qui a pu les blesser ainsi et causer de tels malaises à leur identité.

En nous introduisant dans cette intimité, nous découvrons en premier lieu des sentiments de peur, de doute, de honte, de culpabilité. Parfois aussi, certaines femmes semblent habitées par un sentiment d'irréalité; elles ont l'impression de ne pas savoir qui elles sont vraiment, ou encore elles ignorent si ce qu'elles ressentent est vrai ou non. Ces malaises se reconnaissent à des représentations de soi souvent conflictuelles, des perceptions de soi imaginaires, empreintes de doutes et d'interrogations. Elles révèlent des tensions au sein de l'identité[3].

Les exemples qui suivent illustrent, chacun à sa manière, une forme originale sous laquelle se présente un état d'inconfort dans l'image de soi. Chacun décrit le point de vue subjectif d'une femme en particulier et ne peut donc être généralisé. Mais il ne s'agit pas pour autant de cas d'exception ni de situations extrêmes. Ces femmes sont des personnes «normales», comme vous et moi, qui vivent avec leur malaise quotidiennement. Sauf quelques-unes, la plupart d'entre elles n'ont jamais consulté de spécialiste et n'en sentent pas le besoin. Si j'ai recueilli leur témoignage, c'est en qualité de collègue, d'amie ou de parente, et parce qu'elles ont généreusement accepté de répondre à mes questions, sachant que je m'intéressais à la difficulté d'être femme. Elles expriment ici leur façon toute personnelle de ressentir un malaise. Je les ai choisies parce que leurs cas rappellent, par un aspect ou un autre, le vécu de plusieurs. Il est évident que plusieurs femmes ne pourront se reconnaître entièrement dans toutes ces situations. Les individualités s'expriment de

---

3. Nous définirons dans un chapitre ultérieur ce qu'est l'identité. Disons simplement pour le moment qu'elle se rapporte à l'image que l'on a de soi, à la représentation subjective de ce que l'on est, à notre façon de nous sentir et de nous percevoir.

façons très variées, mais il est souvent possible de retrouver, dans le discours de l'une ou de l'autre, un ou plusieurs traits distinctifs de notre propre expérience, voire de notre relation avec notre père. Lorsqu'on prête attention à ce que disent ces femmes, on a parfois l'impression de se trouver dans une salle tapissée de miroirs qui, selon l'angle sous lequel nous apercevons notre reflet, nous renvoie un côté différent de nous-mêmes.

Ces malaises au sein de l'identité sont si courants que celles qui les expriment ont tendance à les attribuer à l'ensemble des femmes, comme s'il s'agissait là d'une caractéristique typiquement et socialement féminine. Mais toutes les femmes ne partagent pas ce même vécu, bien qu'elles vivent toutes dans le même environnement social. C'est donc que ces fantasmes ne représentent pas la norme, malgré leur fréquence. Pour en comprendre l'origine, il faut se pencher sur les caractéristiques individuelles de chaque femme et écouter ce que chacune, dans sa subjectivité, peut en dire. Par la suite, nous verrons comment ces témoignages uniques peuvent rejoindre une problématique plus générale pouvant expliquer l'ampleur du phénomène.

Ce malaise apparaît sous des visages différents, que j'ai tenté de regrouper sous deux grands thèmes. Le premier présente les doutes des femmes concernant leur valeur personnelle en tant qu'être humain et le deuxième, les doutes quant à leur valeur en tant qu'objet de désir pour un homme. Nous verrons au chapitre suivant que ces représentations imaginaires sont très souvent entretenues par un doute au sujet de l'identité, le sentiment que les femmes ont de s'être égarées, et une recherche pour se retrouver.

LE DOUTE CONCERNANT SA VALEUR PERSONNELLE OU «SUIS-JE BONNE À QUELQUE CHOSE?»

Trois représentations imaginaires révèlent ce doute très profondément ancré dans la perception qu'ont certaines femmes d'elles-mêmes. La première s'exprime par un sentiment d'imposture, la seconde par la crainte d'être écrasée par le pouvoir masculin, et la troisième par la peur de ne pas être capable de se débrouiller seule.

«Je suis "un" imposteur...»

Croire avec certitude qu'elles n'ont pas les aptitudes nécessaires pour accomplir la tâche qu'on attend d'elles (bien que leur mérite soit reconnu par ceux qui les entourent), être profondément convaincues de leur incapacité, avoir toujours peur qu'on découvre leur incompétence, voilà des craintes et des doutes largement partagés par plusieurs femmes. Les unes les expriment lorsqu'elles confient leur peur d'être démasquées, d'autres leur sentiment troublant de berner les gens qui leur font confiance. L'une avouera «Je suis la seule à savoir qu'il n'y a rien derrière cette façade...», ou bien «Si les gens découvrent à quel point ils se trompent à mon sujet, ils n'auront plus confiance en moi et ne m'aimeront plus». Une autre parlera de son impression d'être handicapée. Ces doutes s'accompagnent souvent d'un sentiment de vide intérieur et de honte, d'une grande énergie employée à dissimuler, surtout à cacher aux autres ses ambitions professionnelles. Bien sûr, le sentiment d'imposture n'est pas le propre des femmes, ce fantasme est courant chez les hommes aussi. Mais, en examinant le cas d'Andrée, tentons de le comprendre au féminin.

Andrée est une jeune femme de 35 ans, énergique et bien vivante. Elle est ergothérapeute et occupe un poste de cadre dans un établissement de santé. Possédant un sens de la direction naturel, elle s'acquitte bien de ses fonctions d'organisatrice, comme le confirment ses collègues de travail. Cependant, ses responsabilités lui pèsent. Andrée se sent obligée de lutter sans cesse pour défendre sa place et craint constamment de se faire reprocher un manque de compétence. Elle recherche toujours l'approbation de ses supérieurs, tout en tolérant mal d'être dirigée ou jugée par eux. Ainsi, elle se trouve très souvent engagée dans des luttes de pouvoir et elle se sent facilement critiquée et attaquée. Elle voudrait que tous se soumettent à ses décisions et l'autonomie des autres lui apparaît comme une entrave à sa volonté. Autour d'elle, on a vite le sentiment de l'avoir blessée. On la décrit comme étant «à prendre avec des pincettes». Au moindre obstacle, Andrée ressent une intense dévalorisation, un sentiment d'échec qui ravive ses doutes profonds sur sa valeur. Elle a toujours honte, redoute continuellement d'être «démasquée». Et lorsqu'elle atteint ses objectifs, sa honte se double d'un sentiment de culpabilité. Elle sait qu'elle possède du pouvoir, mais elle craint toujours qu'il soit surfait, qu'on ne

découvre l'imposture et qu'on le lui reproche. Elle minimise ses succès: «Ce n'est pas vraiment parce que j'ai du talent..., c'est un
hasard..., les gens exagèrent toujours mes succès.» Elle retire pourtant un plaisir évident de son travail, mais elle semble toujours
vouloir s'en excuser.

Son malaise, Andrée l'attribue aux préjugés sociaux concernant
les femmes au travail, particulièrement celles qui occupent un poste
d'autorité. Elle peste contre l'étroitesse d'esprit de ses collègues
masculins. Dès qu'elle se heurte à certaines difficultés, elle les perçoit comme des obstacles insurmontables. Le sentiment d'échec et
d'incompétence qu'elle ressent lui est intolérable. Pour l'évacuer,
elle accuse son milieu et finit par changer d'emploi. À 35 ans, après
plusieurs essais dans des emplois différents, Andrée prend conscience de l'aspect répétitif de son comportement et conclut à l'impossibilité de «changer la mentalité masculine qui tient la femme en
état d'infériorité». Elle ne voit pas sa propre intolérance, sa propre
sévérité envers elle-même. La moindre difficulté la jette dans le
découragement et les doutes quant à sa compétence. Elle exige
d'elle-même la perfection et ne s'octroie aucun droit à l'erreur. Pour
elle, il n'y a pas de place pour apprendre ou pour s'améliorer: il lui
faut être parfaite, tout de suite et toujours.

Andrée s'est lancée dans sa carrière avec ardeur, refusant de se
laisser piéger dans le rôle féminin d'épouse et de mère. Elle a vu sa
propre mère malheureuse. Elle décrit son père tel qu'elle le perce-
vait à l'adolescence. C'était un homme d'affaires qui réussissait
bien. Toute la famille se pliait à son emploi du temps et, selon elle,
il traitait sa mère comme une servante. Si celle-ci acceptait cette
situation, Andrée, pour sa part, se rebellait. Pour elle, son père
n'avait que des défauts. Elle se révoltait contre son attitude
«égoïste», sa tendance à exiger que tout le monde soit à son service.
Pourtant, n'est-ce pas ce qu'elle-même réclame à présent de son
entourage au travail?

Elle raconte une anecdote. Au moment d'opter pour un choix
de carrière, elle a envisagé la possibilité de faire des études en
administration. Son père lui a alors déclaré: «Tu peux bien faire ton
cours en administration si tu le désires, mais je ne suis pas sûr que
je t'engagerais...» Andrée a été profondément blessée par cette
remarque. Pour elle, il s'agissait d'un manque de confiance en ses
capacités *parce qu'elle était une femme*.

Toute jeune, elle aimait pourtant profondément son père et lui vouait une grande admiration. Elle a toujours attendu de lui qu'il lui témoigne de l'estime et reconnaisse sa valeur:

> Mon père était un homme qui ne parlait pas beaucoup. On ne pouvait pas savoir ce qu'il pensait. Il observait... Adolescente, je l'attaquais, il ne réagissait pas. Il ne disait rien. Il restait distant, un peu comme s'il n'avait pas été concerné.

Elle en voulait à son père de rester insensible à ses attentes de reconnaissance. L'absence de réaction de celui-ci ne faisait qu'augmenter son agressivité tout en lui laissant un profond sentiment d'impuissance et de désespoir: jamais elle n'arriverait à le satisfaire, à se montrer à la hauteur de ses présumées attentes. Elle s'acharnait. Son père étant un sportif, elle s'est lancée à corps perdu dans la compétition. Chaque fois qu'elle participait à une épreuve elle espérait qu'il viendrait l'encourager. Mais seule sa mère était présente, peut-être même un peu trop. Celle-ci avait décidé de collaborer à l'organisation des compétitions et suivait sa fille partout, occupée à diriger les jeunes. Andrée parle de cette période:

> ... ma mère s'est beaucoup associée à mes activités. Elle adorait cela, à cause de moi, bien sûr, mais aussi pour elle-même. Mon père, lui, ne disait rien. Je ne sais pas ce qu'il en pensait. Il était sans doute fier lui aussi, mais au fond je l'ignore. Ma mère me suivait à la trace, mon père, jamais. Il avait ses activités de son côté et n'était pas souvent là.

Le père laissait sa femme se débrouiller avec sa fille pendant qu'il se consacrait à ses activités extérieures. Comme si la paternité ne le concernait pas. Et pourtant, Andrée a tellement attendu son père! Elle lui a maintes fois manifesté son besoin d'attention en s'imposant des performances de plus en plus difficiles dans l'espoir d'attirer enfin son regard. Aujourd'hui encore, elle exige d'elle-même un effort supérieur aux attentes de son entourage. La moindre défaillance la plonge dans des doutes tenaces quant à sa propre valeur. Tout comme elle espérait un signe d'approbation paternelle, elle attend que quelqu'un la remarque parmi la foule anonyme et lui révèle sa valeur en tant que femme et en tant qu'être humain. À l'étroit dans ses activités, elle espère que quelqu'un la sortira de son «petit milieu fermé». Elle veut être vue, elle souhaite émerger enfin de la masse. Interrogée sur ce qu'elle aimerait faire, elle reste sans réponse. Elle n'a pas de désir précis. Depuis toujours, elle est dans l'attente du désir d'un autre, confiante que quelqu'un la découvrira et la révélera à elle-même, un jour.

Andrée a été profondément blessée de ne pas parvenir à attirer sur elle l'attention, l'affection et la reconnaissance de son père. Ses relations amoureuses, elles aussi, portent les séquelles de cette blessure. Adolescente, elle mettait beaucoup d'acharnement à rechercher l'approbation de son père, mais il ne la voyait pas et ne prenait pas au sérieux ses désirs de réalisation personnelle par les études et le travail. Il considérait les activités de son épouse et de sa fille comme indignes d'intérêt et les laissait seules pendant qu'il vaquait à ses affaires. Aujourd'hui, Andrée met la même ardeur à essayer d'attirer le regard et l'approbation de ses amis. Elle est encore mortifiée quand elle s'aperçoit que son conjoint l'ignore et s'occupe ailleurs... Simultanément, dans ses relations amoureuses, elle craint d'être enfermée dans la dépendance et l'impuissance comme sa mère.

Et l'imposture? Il faut descendre plus loin dans son être intime pour comprendre d'où vient ce fantasme. Durant toute son enfance, Andrée a tenté de rejoindre son père sans y parvenir, mais son besoin de lui ne s'est pas éteint pour autant, au contraire. Alors, pour obtenir de lui ce qui lui était nécessaire, elle est devenue comme lui. À l'image de son père, elle a accordé beaucoup d'importance à la performance et à la compétition et, sur son modèle, elle s'est lancée dans une carrière. Mais en s'identifiant à lui, Andrée a aussi intériorisé la désapprobation qu'elle avait sentie de sa part: lorsqu'elle était enfant, son père n'encourageait pas ses désirs de réalisation personnelle; adulte, c'est elle-même qu'elle condamne inconsciemment. Elle se reproche d'être la femme que son père ne voulait pas la voir devenir et se perçoit comme un imposteur. Le *Petit Larousse* définit ainsi ce terme: «Personne qui trompe par de fausses apparences, qui se fait passer pour quelqu'un d'autre.» Andrée est aux prises avec une identité d'emprunt, celle de son père. Elle a inconsciemment le sentiment de l'avoir volée et la ressent comme un corps étranger, quelque chose qui ne lui appartient pas, ce qui la remplit de honte et de culpabilité.

«Les hommes ne m'auront pas»

Bien qu'elle doute, elle aussi, fortement de sa valeur personnelle, *Diane* est un peu différente. Elle a horreur de la dépendance,
qui provoque chez elle un sentiment d'impuissance. Elle se fait un
point d'honneur de tout faire seule et voudrait n'avoir besoin de
personne. Elle se défend farouchement contre tout ce qui lui laisse
penser qu'on la considérerait comme inférieure. Par exemple, elle
est incapable d'apprécier un petit geste de galanterie masculine,
comme le fait qu'on lui ouvre une porte ou qu'on lui tienne son
manteau. Aussitôt, elle y voit une volonté chez son vis-à-vis de lui
signifier son infériorité. Elle lui signifiera agressivement: «Je ne suis
pas manchotte, je suis capable d'ouvrir cette porte toute seule.»

Car c'est là sa grande crainte: être tenue pour inférieure. Là où
il y a un combat à mener pour l'égalité des femmes, elle est au premier rang. Militante active et engagée, Diane défend les droits des
représentantes de son sexe comme si chacune de leurs causes était
la sienne propre. Elle ne manque pas une occasion de rivaliser avec
les hommes et s'engage avec eux dans des luttes de pouvoir sans
fin. De plus, elle tolère difficilement de voir un homme réussir. Elle
doit être supérieure, car le succès d'un homme lui apparaît immédiatement dirigé contre elle, comme s'il était une volonté de la
déclasser, de l'humilier et de la ridiculiser. Elle se montre particulièrement agressive envers les hommes en situation de pouvoir et
elle s'affaire constamment à détecter la moindre des circonstances
où ils pourraient en abuser. Elle réagit souvent par un mouvement
de répulsion physique à la présence des hommes et les traite de
«gros bras et de gros pieds qui prennent toute la place». Elle est une
femme, elle y tient et défend avec acharnement son droit à l'égalité. Pourtant, lorsqu'on la connaît mieux, on découvre qu'elle considère comme une faiblesse tout ce qui est habituellement attribué
à la féminité. La séduction, la tendresse, la sensibilité, les larmes,
elle se les interdit et les ridiculise chez les autres. L'égalité pour elle
signifie le nivellement de toute différence. Tout est évalué selon les
critères masculins, les seuls valables à ses yeux.

Derrière cette attitude de bravade et cette barrière d'agressivité,
on découvre très vite une petite fille apeurée, toujours sur ses gardes
et redoutant d'être écrasée et de disparaître. Tout mouvement d'affirmation de la part d'un homme déclenche chez elle une réaction de
violence inouïe, comme si sa vie était mise en danger.

Ses relations amoureuses sont bien sûr extrêmement tendues et la conduisent souvent à des luttes de pouvoir, car elle perçoit toute relation comme une rencontre entre un dominé et un dominant. Si un homme tente de redorer l'image masculine et qu'il s'efforce d'être gentil avec elle, ses gestes généreux seront perçus comme ceux d'un macho qui désire prendre les décisions pour elle et lui montrer qu'elle est une incapable. Quelles que soient les intentions de son partenaire, quoi qu'il fasse, elle se sent toujours dominée et dévalorisée.

D'où lui vient un tel sentiment de menace, une telle peur d'être annihilée en présence d'un homme? Diane décrit son père comme un être dominateur et souvent agressif. Lorsqu'il rentre à la maison, tout le monde retient son souffle. Il dépose son manteau sur le divan et exige sa bière ou son repas. Sa femme est à genoux devant lui et tente de faire taire les enfants pour ne pas attiser sa mauvaise humeur. Sa fille? Lorsqu'il s'adresse à elle, c'est avec des propos méprisants, voire haineux, les mêmes qu'il utilise pour parler des femmes en général. Il la traite de folle, la ridiculise lorsqu'elle tente de faire quelque chose et ne s'y prend pas de la bonne façon: elle n'est qu'une femme, idiote comme toutes les autres. Si elle s'intéresse aux garçons, elle est une putain qui ne pense qu'au sexe. Lorsqu'il parle de sexualité, c'est toujours en des termes disgracieux à l'endroit des femmes et des organes génitaux féminins. Parfois le message est plus subtil, mais il produit le même effet: la fille se sent dévalorisée, méprisée parce qu'elle est une femme.

Cette guerre ouverte entre père et fille se déclare quand Diane atteint l'adolescence et qu'elle cherche à acquérir son autonomie. Le père est perçu comme un être fort, mais méprisant et dominateur à l'égard de la femme, quand il n'est pas tout simplement considéré comme une brute. Contrairement au père d'Andrée, trop absent, celui de Diane est trop présent et sa présence éclipse ceux qui l'entourent. Puisqu'il est impossible d'aimer un tel homme et pour ne pas s'effacer tout à fait, Diane ne peut que le détester, le rejeter et le mépriser. La seule évocation de son père provoque chez Diane un mouvement de répulsion. Comment pourrait-elle parvenir à s'aimer elle-même si elle rejette ainsi la moitié de ses origines?

La réaction de Diane est si aiguë, on devine combien son père ne lui est pas indifférent. Lorsqu'elle est parvenue à franchir ce mur de haine, elle a découvert à son grand étonnement un amour déçu et une grande admiration pour ce père abhorré. Elle m'a confié qu'enfant, elle était très anxieuse et avait peur de tout et de rien. Seule la présence de son père parvenait à la rassurer: il était si fort, que pouvait-il lui arriver quand elle se plaçait sous son aile? Mais voilà, il était rare que son aile se tende au-dessus d'elle...

Diane, comme Andrée, est aux prises avec une mauvaise perception d'elle-même, qui prend racine dans le regard que son père portait sur elle et sur les femmes en général. Les doutes, le sentiment de ne pas valoir grand-chose et la peur de ne pas être à la hauteur la rongent tout autant qu'Andrée. Mais, à la différence de cette dernière, au fond d'elle-même Diane a conscience d'être forte et même très forte. Elle se sait habitée par une terrible violence, qui l'effraie et qu'elle a parfois de la difficulté à contenir. Elle n'a pas le sentiment d'avoir volé sa force, comme Andrée, mais elle en a peur et se sent monstrueuse, tout comme elle redoutait la violence de son père et la détestait. Le message qu'il lui adressait était clair et sans équivoque, alors que celui du père d'Andrée était plus ambigu, ce qui a provoqué chez Diane une plus forte réaction d'agressivité. Tandis qu'Andrée se montre plus ambivalente dans son rapport avec son père, Diane le rejette ouvertement. Mais elle a quand même assumé, au fond d'elle-même, sa perception des femmes, puisqu'elle adopte envers la féminité la même attitude méprisante que celle qu'il affichait.

«Je n'y arriverai jamais seule...»

Vous connaissez de ces jeunes adultes qui ne se décident pas à quitter le nid douillet de la maison familiale? Plusieurs facteurs peuvent expliquer ce phénomène apparu il y a une dizaine d'années. Des facteurs sociaux, certes, que l'on connaît bien. Les jeunes étudient de plus en plus longtemps et la fin de l'adolescence en est reculée. On le répète d'ailleurs assez, les emplois sont rares et la compétition très forte. Telle est bien la réalité, qui rend difficile et tardive l'accession à l'autonomie. Certains jeunes s'en tirent cependant mieux que d'autres. Encore une fois, il faut porter notre attention sur les caractéristiques individuelles pour comprendre ces différences.

Luce a 26 ans. Jolie, intelligente, elle a toujours très bien réussi ses études. Elle a atteint le niveau universitaire et entrepris un cours d'anthropologie. Après un an, elle abandonne, ne se sentant pas à l'aise dans ce domaine. D'ailleurs, me confie-t-elle, on ne cessait de lui répéter qu'il y avait peu de débouchés de ce côté. Craignant de ne pas faire son chemin dans la vie, elle s'engage dans de nouvelles études, cette fois-ci en histoire. Elle a maintenant presque terminé son baccalauréat et songe à faire sa maîtrise, non pas par ambition, mais afin de repousser le moment d'entrer sur le marché du travail qui lui fait peur. On entend tellement dire qu'il n'y a pas d'emplois pour les jeunes... Elle ne sait pas si la matière qu'elle a choisie l'intéresse vraiment, ni ce qu'elle aimerait faire d'autre. Elle se connaît mal et se déprécie beaucoup.

Elle habite chez ses parents, sa situation d'étudiante ne lui permettant pas de se payer un appartement. À son âge, elle souhaite quitter le milieu familial et vivre sa vie, mais elle ne voit pas le jour où elle pourra le faire. Heureusement, papa est là! C'est lui qui la dépanne lorsqu'elle a besoin d'argent de poche. Elle s'est bien déniché un petit travail de fin de semaine, mais ses revenus suffisent à peine à payer ses loisirs.

Depuis quelque temps elle est plus maussade, plus impatiente. Tout l'irrite à la maison. Les petites habitudes de sa mère, trop empressée à la servir, les inquiétudes de son père qui ne cesse de lui donner des conseils et de s'informer si tout va bien. Luce ne comprend pas son agressivité: ils sont tellement gentils et attentionnés... Elle a les meilleurs parents du monde, ils font tout pour lui faciliter les choses.

Mais voilà, elle doute d'elle-même. Elle redoute le jour où elle devra se prendre en main et faire sa vie par elle-même. Ses parents ont toujours eu réponse à tout. Son père surtout. Comment quitter ce petit havre où toutes les difficultés sont aplanies devant elle? Et puis tout le monde le dit: ce n'est pas simple aujourd'hui pour les jeunes. Il n'y a plus d'emploi permanent et il faut se battre pour réussir à décrocher un petit contrat de six mois. La génération de ses parents a eu la vie plus facile, son père le lui répète souvent. Lorsqu'il est sorti de l'université, il n'avait qu'à choisir parmi les emplois qui s'offraient. Pour Luce, c'est différent...

Cette situation est la même pour tous les jeunes de son âge. Pourtant, certains de ses copains et de ses copines s'en tirent mieux qu'elle. Ils ont terminé leurs études, vivent en appartement et réussissent à décrocher des contrats. Oui, mais eux, se dit-elle, ils sont débrouillards. Elle, comment pourrait-elle y arriver? Elle ne sait pas se battre. Elle aimerait partir, mais elle ne parvient pas à quitter la maison. Elle se déprécie à ses propres yeux et supporte mal ce sentiment. Pour protéger son estime d'elle-même, elle s'en prend à la société, aux baby-boomers, et se demande pourquoi tout a réussi à son père alors que pour elle tout est si difficile! Elle lui en veut et l'envie. Mais il est si gentil avec elle... Il lui a souvent répété qu'il ne voulait pas voir ses enfants traverser les difficultés qu'il a lui-même connues dans son enfance et c'est pourquoi il leur a tout donné. Alors, pour quelle raison lui en veut-elle? Elle se sent parfois ingrate...

Le père, de son côté, se désole de la voir ainsi hésiter à se lancer dans la vie. Il aimerait qu'elle se débrouille davantage et espère le jour où elle ne vivra plus à ses crochets. Parfois, il s'impatiente et essaie de lui parler: il serait temps qu'elle songe à quitter le nid familial, elle est une adulte maintenant. Adulte? Luce ne sait pas ce que cela veut dire. Elle a encore tellement besoin de son père. Alors, elle se fâche et lui reproche à lui et à sa génération d'avoir tout pris. C'est la moindre des choses qu'il l'aide maintenant! Et le père garde le silence, parce qu'il se sent vaguement coupable de son aisance pourtant durement acquise. Comment peut-il en jouir et laisser sa fille avoir de la difficulté? Il s'était bien juré que ses enfants n'auraient pas la vie dure... Il dépanne Luce: un vingt dollars pour payer sa sortie du vendredi soir, un autre pour son maquillage, un autre encore pour qu'elle puisse se payer une bouffe au restaurant (ses parents y vont bien, eux, pourquoi pas elle!). Comment ferait-elle s'il n'était pas là? Elle a vraiment le papa le plus compréhensif du monde. Mais quand sera-t-elle capable de vivre sans lui? Lui qui se montre si généreux et compréhensif aurait-il failli, sans le vouloir, dans son rôle de père?

LE DOUTE CONCERNANT L'IDENTITÉ SEXUELLE OU L'ÉNIGME DE LA FÉMINITÉ

Les représentations de soi dont je viens de parler expriment les doutes profonds qu'ont certaines femmes quant à leur valeur personnelle en tant qu'être humain. Ils résultent de tensions au sein de l'identité fondamentale, c'est-à-dire celle qui concerne *l'être en soi*.

Mais il existe une autre facette de l'identité féminine que des tensions et des doutes peuvent habiter: il s'agit de l'identité sexuelle. Les questions de la féminité et du pouvoir de séduction font problème pour plusieurs femmes. «Suis-je une vraie femme?» se demandent les unes. «Qui suis-je sans mon pouvoir de séduction?» s'inquiètent les autres. Les hommes ont souvent déclaré que la féminité demeurait pour eux une énigme. Mais les femmes elles-mêmes se demandent parfois: «Qu'est-ce qu'être femme?» L'énigme de la féminité semble exister pour elles aussi...

«Suis-je une vraie femme?»

Plusieurs femmes ont le sentiment de ne pas répondre à l'idée qu'elles se font (ou que la société véhicule) d'une femme «féminine». En même temps qu'elles doutent, elles s'interrogent au fond d'elles-mêmes sur ce qu'est au juste la féminité. «Suis-je féminine? Suis-je une vraie femme?»

Tarrab et Simard[4], dans une étude portant sur les femmes gestionnaires, notent que la plupart d'entre elles s'interrogent sur leur identité féminine, comme si l'égalité avec l'homme sur le plan du travail et des responsabilités avait fait surgir avec plus d'acuité le problème de la différence entre les sexes et le remettait en question. Autrefois, cette différence résidait dans les rôles sociaux joués par les hommes et les femmes. Aujourd'hui, alors que ces rôles ne sont plus représentatifs d'un sexe en particulier, comment reconnaître la différence entre homme et femme? Les femmes (comme les hommes, d'ailleurs) se demandent ce qui les caractérise. Elles n'ont plus pour référence que leur vécu intérieur, leur façon de sentir leur féminité. Les critères extérieurs, plus objectifs, observables, s'étant estompés, ne subsistent plus que des critères internes, plus subjectifs et plus flous. Qu'est-ce donc alors qui peut donner à la femme le sentiment d'être ou de n'être pas femme, féminine?

Claude se le demande. Mais Claude, est-ce une femme ou un homme? Voilà bien la question! Ce prénom qui laisse planer un doute sur son appartenance l'a souvent embarrassée. C'est son père

4. Tarrab, G. et C. Simard, *Une gestion au féminin? Nouvelles réalités*, Ottawa, Éd. G. Vermette inc., 1986.

qui l'a choisi. Quelles attentes reportait-il sur elle en lui donnant ce prénom ambigu?

Claude est une jeune femme de 38 ans, déterminée, énergique, à l'allure un rien masculine par son habillement, sa démarche et sa voix. Depuis quelques années, elle vit avec un homme de qui elle a eu un enfant. Deuxième d'une famille de quatre enfants, elle a une sœur aînée et une autre plus jeune. L'unique garçon n'est arrivé qu'ensuite, après quoi les parents ont décidé que la famille était complète.

Le père de Claude possède un commerce qu'il a repris de son propre père. Il espérait qu'un de ses enfants prendrait la relève de l'entreprise familiale. Sans le dire ouvertement, il comptait sur Claude, parce qu'elle se révélait débrouillarde et fonceuse, contrairement à sa sœur aînée, plus réservée et timide. Mais Claude a toujours détesté les affaires, peut-être justement parce qu'elle sentait les subtiles pressions du père, et elle a décidé d'entreprendre des études en psychologie.

Claude aime beaucoup son métier qu'elle exerce depuis une dizaine d'années. Disons, pour être plus précis, qu'elle *aimait* beaucoup son métier. Depuis un certain temps, elle a envie de faire autre chose. Elle a commencé des études à temps partiel en administration, par plaisir, bien que ses choix pour l'avenir ne soient pas encore arrêtés. Administration... pour répondre aux attentes de son père...? L'idée la surprend. Elle n'avait pas fait le rapprochement avant aujourd'hui.

Psychologue en milieu scolaire et responsable de trois écoles, Claude aime s'occuper d'organisation, contrôler, décider elle-même de son horaire et de ses activités. Elle se donne à son métier corps et âme depuis plusieurs années, tentant de répondre à toutes les demandes, de s'adapter aux attentes des uns et des autres: parents, professeurs, direction. Évidemment, elle n'y arrive pas et se heurte à ses propres limites, qu'elle accepte d'ailleurs de plus en plus difficilement avec les années. Elle est lasse aussi de ne pas voir son travail couronné par des résultats tangibles. Ce qui l'attire dans l'administration, me confie-t-elle, c'est justement le côté concret, palpable, de l'ouvrage accompli. Elle compare son métier à celui du fermier, qui sème et sème, sans jamais savoir s'il va récolter quelque chose.

Si elle n'est pas avare de ses efforts, Claude a besoin en retour qu'ils soient reconnus par les autres. La conviction intime d'avoir fait son possible ne lui suffit pas. Non qu'elle doute d'elle-même ou de ses capacités lorsque ses réalisations passent inaperçues, mais elle est plutôt déçue et fâchée de ne pas sembler être appréciée. Elle croit alors qu'il lui faut «s'outiller davantage», selon sa propre expression.

Claude a toujours senti que son père la préférait aux autres, sans doute parce qu'elle lui ressemble. Elle est fonceuse, comme lui, débrouillarde. Elle sait lui tenir tête, ce qu'il semble apprécier. Il lui arrive même de donner l'impression d'aimer mieux sa fille que sa femme, la mère de Claude, qui constate parfois: «Comment se fait-il qu'il te parle à toi, il ne me dit rien, à moi.»

Mais elle est perplexe. Ce qu'il aime en elle, Claude le sait bien, ce sont ses qualités de nature masculine par lesquelles elle lui ressemble. Son père a toujours voulu avoir des garçons et il a eu des filles, il a dû composer avec cette situation. Il a élevé Claude un peu à la manière d'un garçon.

Qui aime-t-il? Lui ou elle? La fille, la femme qu'elle est, ou le garçon qu'il aurait aimé avoir? Son père l'a toujours encouragée à étudier, à être autonome, à ne pas dépendre d'un homme, tout en la protégeant trop. Même aujourd'hui, maintenant qu'elle est adulte et mère d'un enfant, qu'elle vit en couple, il s'immisce régulièrement dans ses petites affaires. Il s'inquiète de savoir où elle a fait réparer sa voiture, prend pour elle un rendez-vous au garage. Pendant ce temps, il tient sa femme sous sa tutelle, en se moquant un peu de ses désirs d'autonomie... Message ambigu adressé à sa fille: «Sois autonome, tu en es capable; mais tu ne peux pas te passer de moi, parce que tu es une femme comme ta mère...» Depuis l'adolescence, Claude a remarqué aussi qu'il supporte mal la présence d'un autre homme autour d'elle.

> Il a toujours été protecteur... C'est plus fort que lui, il faut qu'il s'occupe de nos affaires. Il trouve toujours le moyen de venir et essaie de tout contrôler... Et puis, il a toujours eu de la difficulté à s'entendre avec nos compagnons. Lorsqu'il y en a un dans les alentours, il n'aime pas ça... C'est un rival pour lui...

Dans la famille, son père est la figure forte, stable, sur laquelle on peut s'appuyer. On peut compter sur lui, il est toujours là et veille au grain. Le modèle féminin, lui, n'est pas très attrayant pour

Claude. Elle voit une mère soumise et effacée devant son père, n'ayant jamais d'opinion personnelle et empruntant la pensée et la parole de son mari. Claude aimerait la voir devenir plus sûre d'elle, plus agressive. Au contraire, elle reste faible et effacée. Si elle veut plaire au père et en même temps affirmer sa personnalité, Claude ne peut que devenir le garçon que son père aurait aimé avoir et dont il apprécie les qualités chez elle. Chose impossible, puisqu'elle est une fille... Et si elle exauce les attentes paternelles, que devient la femme en elle?

> Mes sœurs et moi, nous avons été élevées comme des garçons: nous avons appris à nous débrouiller seules, à ne pas être dépendantes, etc. Par contre, notre père nous protégeait beaucoup, il avait toujours peur qu'on nous dupe. Qu'est-ce qu'il pensait vraiment des filles? La féminité, plaire, s'habiller, séduire, rien de cela n'avait sa place chez nous. Ma féminité, je ne la sens pas...

La féminité demeure pour Claude une énigme. Comment plaire à ce père *et* aux hommes? Quel genre de femme aiment-ils? Une femme autonome (donc masculine, selon les critères paternels; mais alors, est-ce une femme?) ou soumise, comme la mère? Qu'est-ce qu'être femme?

Une constatation peut aider Claude à trouver la clé de cette énigme: en général, il est un terrain où son père concède du pouvoir aux femmes, bien qu'il les déprécie, c'est celui de la maternité. En ce domaine, il leur accorde une place importante. C'est donc par la maternité que Claude pourra redécouvrir son identité féminine. Depuis la naissance de son enfant, elle a trouvé une nouvelle énergie. Mais attention! Cette nouvelle force, qui lui a permis de se reconquérir, elle n'est pas prête à la partager! De son propre aveu, elle a de la difficulté à concéder de la place au père de l'enfant.

> Les femmes se sentent plus responsables d'un enfant que les hommes. Pourtant, mon compagnon n'a pas les pieds dans la même bottine. Il participe à la vie de la maison. Avec l'enfant, c'est différent. Il ne s'y prend pas toujours de la même façon que moi et ça m'énerve. J'ai l'impression d'être possessive, comme si je ne lui faisais pas confiance pour prendre soin du bébé. On dirait un réflexe de se sentir responsable de tout. C'est un sentiment puissant.

J'aimerais parfois qu'il s'occupe plus de l'enfant, mais j'ai compris qu'il ne pouvait pas, parce que souvent j'ai déjà tout fait!...

La maternité est souvent le seul terrain où une femme peut reprendre contact avec sa féminité perdue, partie importante de son identité. En exclure le père constitue un danger dont les femmes doivent demeurer conscientes.

«Qui suis-je sans mon pouvoir de séduction?»

La féminité ne pose parfois aucun problème à première vue. La femme a confiance en elle, en ses pouvoirs de séduction, et elle se sent bien dans sa peau de femme. Mais la fragilité de ce pouvoir peut cependant lui apparaître... L'histoire de Marjolaine en témoigne.

Marjolaine est l'unique fille d'une famille de quatre enfants. Elle est une belle femme, blonde, très féminine, bien consciente du pouvoir qu'elle exerce sur les hommes. Elle sait capter leurs regards et susciter leur désir. Malgré son assurance qu'elle pourra conquérir celui que son cœur choisira, le mariage lui fait peur. Elle veut fonder un foyer, mais craint de perdre alors sa beauté et son pouvoir de séduction. Peu confiante en ses capacités intellectuelles, Marjolaine a pourtant bien réussi à l'école, et plusieurs matières l'intéressaient. À l'âge de choisir une carrière, elle songe à se diriger en droit, mais elle craint d'échouer dans ce domaine. De plus, ces études lui semblent réservées aux hommes, ou encore à ces femmes intellectuelles qui ne plaisent pas et restent célibataires. Elle a toujours cru que si elle devenait trop intelligente et instruite, elle plairait moins.

Elle opte donc pour une technique. Elle n'y est pas très à l'aise, mais quelle importance? Son futur mari a devant lui une brillante carrière de médecin spécialiste, ils auront une vie facile et heureuse... Elle épouse donc cet homme, qui obtient rapidement une position sociale en vue. Très tôt, il se lance en politique, ce qui les amène à avoir une vie publique très active. Marjolaine sent bien qu'il est fier de l'exhiber comme un trophée. C'est lui qui lui dicte sa conduite en société, lui qui choisit ses vêtements, ses bijoux, son parfum, sa coupe de cheveux. Elle n'est pas dupe du rôle d'objet sexuel et narcissique qu'elle joue pour lui, et du peu d'importance qu'il accorde à sa personne. Devant cette situation, sa réaction est ambivalente: elle se sent dévalorisée et en éprouve de la colère; elle a envie de se révolter, mais par ailleurs, elle tremble à l'idée de perdre sa beauté et ses charmes. Que lui resterait-il alors? Sans sa belle enveloppe, voudrait-il encore d'elle?

Lorsque naît leur premier enfant, la catastrophe appréhendée se produit. Durant sa grossesse, son mari ne veut plus la montrer. Visiblement, il cherche des prétextes pour éviter les rencontres sociales. Elle le sent qui s'éloigne, il rentre de plus en plus tard à la maison. Il lui arrive fréquemment de s'absenter durant quelques jours pour des voyages d'affaires. Sur le plan sexuel, il ne l'approche plus, et lorsqu'elle lui fait part de sa contrariété, il lui reproche de ne plus être séduisante. Comment peut-il désirer une femme qui a «les seins tombants», «les chairs molles», etc. En se mettant au régime et en faisant de l'exercice, elle retrouve ses formes d'antan. Mais cela ne sert à rien, elle n'attire plus son mari. Leur relation se détériore. Vient le jour inévitable où elle découvre qu'il a une maîtresse, une jeune fille de vingt ans, encore svelte. C'est la séparation, qui laisse Marjolaine dans un état de dévalorisation très profond. Déprimée, elle décide de consulter un psychologue.

Pourquoi ce qu'elle redoutait tant lui arrive-t-il, à elle? Elle se remémore son enfance et, peu à peu, elle remet en place les pièces du puzzle. Elle se souvient que sa mère accordait beaucoup d'importance à l'apparence de sa petite fille. Elle l'habillait et la coiffait comme une poupée, elle semblait très fière de ses boucles blondes et de ses grands yeux bleus. Il fallait que Marjolaine soit toujours propre et bien mise. Pendant que ses frères pouvaient jouer dehors, s'habiller en jeans et se barbouiller à leur guise sans subir de remontrances, Marjolaine devait rester gentiment près de la maison et, surtout, ne pas se salir. La petite fille se plaignait de cette injustice: pourquoi les garçons jouissaient-ils d'une liberté qui lui était refusée? Elle tentait bien de se rebeller de temps à autre, mais sa mère demeurait inflexible: une petite fille correcte ne joue pas à des jeux de garçon et se doit d'être toujours bien vêtue.

Une autre injustice la révoltait. Sa mère tenait beaucoup à ce que ses frères fassent des études supérieures pour exercer une profession. Mais lorsque Marjolaine a exprimé son intérêt pour le droit, elle lui a opposé un refus catégorique: ce n'était pas là la place d'une jeune fille bien. La mère orchestrait tout, décidait de tout dans la maison, et les enfants n'avaient qu'à se plier à ses volontés.

Et le père? Parti de rien, il avait réussi une brillante carrière dans les affaires. Issu d'une famille ouvrière, il avait épousé une voisine du même milieu que lui. Il était fier de ses succès et tenait à ce que sa famille présente une belle image aux yeux des autres. Pour cela, il s'en remettait entièrement à sa femme, qui savait s'y employer avec diligence. Lui, il s'absentait souvent pour ses voyages d'affaires et n'avait le temps de s'occuper ni de l'éducation ni des études de ses enfants.

Il aimait beaucoup sa petite fille, sa petite princesse, comme il se plaisait à l'appeler. Il admirait sa beauté et il en était fier. Elle seule pouvait le tirer de sa lecture lorsqu'il était installé au salon avec son journal: il lui suffisait de parader devant lui dans sa jolie robe pour qu'il s'interrompe et la prenne sur ses genoux. Marjolaine avait parfaitement conscience de son pouvoir, elle savait très bien lire le ravissement dans les yeux de son père.

Ses parents s'entendaient mal. Lorsqu'elle atteint l'adolescence, leur relation se détériore et le père se met à s'absenter de plus en plus fréquemment de la maison. Il va se réfugier à leur chalet, un endroit que sa femme déteste, et il prend l'habitude d'y emmener Marjolaine. Elle, contrairement à sa mère, adore cette vie sauvage. Là, avec son père, elle peut s'habiller en jeans, pêcher, conduire le bateau, faire toutes ces choses réservées aux garçons. Ces séjours sont pour elle de vrais moments de liberté où elle peut enfin agir à sa guise. Ce sont aussi de véritables victoires sur la mère: non seulement Marjolaine partage les mêmes goûts et les mêmes activités que son père, loin de sa mère, mais son père lui permet tout ce que celle-ci lui refuse! Son admiration, elle la sent clairement: il ne rate pas une occasion de souligner devant ses amis la beauté de sa fille, en ne manquant jamais d'ajouter: «Elle est belle, ma fille, pas vrai? Mais elle est intelligente aussi...» Et il presse Marjolaine d'exécuter devant eux des tâches habituellement réservées à ses frères.

S'il avait pu soutenir de la même façon les aspirations personnelles de sa fille! Mais le père de Marjolaine ne se mêlait jamais de l'éducation des enfants, ni de leur instruction. Cela relevait du domaine maternel. Quand la mère a fait obstacle aux projets d'études universitaires de sa fille, il n'a pas cru bon d'intervenir. Seule devant le pouvoir maternel, Marjolaine n'a pas osé contester. Elle n'en a même pas parlé à son père, sachant très bien qu'il était inutile de compter sur son appui: jamais il ne s'opposerait aux volontés de sa femme sur ce point.

En son for intérieur, Marjolaine sait depuis longtemps qu'elle possède les capacités nécessaires pour entreprendre des études supérieures. Peu après le début de sa thérapie, elle a rencontré un homme qui l'a encouragée à retourner aux études. Après lui avoir répété qu'elle gaspillait son talent, il l'a finalement convaincue de suivre des cours. Elle y a réussi brillamment, et s'est alors ouverte devant elle une carrière où elle a pu mériter respect et considération. Mais aujourd'hui encore, elle n'ose pas prendre toute la place qui lui revient. Auprès de son nouveau conjoint, elle a encore l'impression d'être un objet sexuel, qu'on exhibe comme un trophée. Lui qui l'a pourtant poussée à étudier, comment se fait-il que publiquement il n'attache d'importance qu'à son enveloppe de poupée et ne semble pas se soucier de son intelligence? Voulait-il simplement paraître en société en compagnie d'une femme intelligente et instruite?

L'image de son père lui revient en mémoire. Oui, bien sûr, qu'elle se réalise sur le plan personnel ne comptait pas vraiment pour lui. Il était fier d'elle et estimait ses capacités, certes, mais c'était seulement pour la donner en spectacle, sans la prendre au sérieux. Jamais il ne l'a aidée dans son désir de réalisation personnelle. Quant à sa mère, elle désapprouvait tout simplement cette volonté: là n'est pas la place d'une femme! C'est pourquoi, malgré ses succès, Marjolaine s'attend toujours à être rabrouée ou à ne pas être prise au sérieux. Aujourd'hui, elle est consciente que son pouvoir de séduction est bien éphémère. Malgré les marques de considération de ses collègues, elle ne parvient pas à avoir foi en ses capacités intellectuelles.

AUX ORIGINES DU MALAISE

À travers leurs histoires, ces femmes nous ont confié leur manière bien personnelle de vivre le malaise identitaire. On a vu que le regard du père joue un rôle dans le développement de leurs doutes, de leurs craintes et de leurs interrogations quant à la perception qu'elles ont d'elles-mêmes. La relation avec le père serait-elle à l'origine du malaise? Quel rôle exactement joue-t-il dans le développement de l'identité de la fille?

Ces questions ont sans doute déjà soulevé chez le lecteur quelques interrogations, auxquelles il n'est pas encore temps de répondre. Le voyage au cœur de l'intimité des femmes auquel je l'ai convié se poursuit. Il nous faut aller plus loin encore pour découvrir le rôle du père dans le développement de l'identité féminine. De nouveau, pour en démonter le mécanisme, nous nous servirons d'exemples concrets.

Jusqu'ici, nous avons pu observer diverses formes prises par le malaise identitaire. La suite de notre voyage nous amènera du côté de l'histoire développementale de quelques autres femmes. Nous verrons que la quête de l'identité féminine représente un labeur difficile, semé d'embûches, dont l'une, principale, est la rencontre lacunaire avec le père.

On peut dès maintenant deviner où se situent les insuffisances du père. Par souci de clarté, j'ai classé les représentations de soi problématiques en mettant d'un côté les doutes concernant l'identité fondamentale, d'un autre les interrogations au sujet de l'identité féminine. Cette division entre identité sexuelle et identité fondamentale est en réalité arbitraire, car ces deux dimensions sont indissociables, la seconde n'étant qu'une facette de la première. On a pu remarquer que les doutes concernant la valeur personnelle accompagnent souvent une mauvaise perception de soi en tant que femme. Seule Marjolaine se montre plus confiante en sa féminité, mais lorsqu'on creuse un peu, on découvre qu'elle la perçoit simplement comme une belle enveloppe fragile derrière laquelle il y a bien peu de choses. On peut alors se demander comment elle se voit vraiment en tant que femme si elle doute à ce point de ses possibilités. Le malaise identitaire la ferait-elle toujours douter de sa valeur en tant qu'être humain? Et le regard du père serait-il à l'origine de ce doute?

Comme dans le cas de Marjolaine, bien des pères sont sensibles à la féminité de leurs petites filles et la mettent en valeur. Par malheur, ils sont souvent absents lorsqu'elles ont besoin de leur appui pour développer leur individualité et leur confiance en elles-mêmes. Quand cet aspect fondamental de l'identité présente des failles, la femme peut bien avoir confiance en sa féminité, celle-ci est basée sur des sables mouvants qui ne lui assurent ni une grande solidité ni une grande stabilité.

CHAPITRE II

Le fil perdu d'Ariane
ou la quête difficile
de l'identité féminine

...l'Autre nuit, la vraie, qui est trou d'oubli où la pensée se perd.

Michèle Montrelay, *L'ombre et le nom*

LE FIL D'ARIANE

Dans le mythe grec de Thésée et le Minotaure, le célèbre architecte Dédale construit, à la demande de Minos, le roi de Crète, un labyrinthe si compliqué qu'il devait être impossible de s'en échapper. Après y avoir enfermé le Minotaure, monstre mi-homme, mi-taureau, le roi défie quiconque de pénétrer dans cette enceinte, d'y combattre le monstre et d'en revenir vivant. Quand Thésée relève le défi, Ariane, la fille de Minos qui fut séduite par le héros, veut lui prêter secours. Elle conçoit, avec l'aide de Dédale, un moyen qui permettra de sortir du labyrinthe. Faisant don à Thésée d'un écheveau de fil, elle lui recommande d'en attacher une extrémité à l'entrée du labyrinthe et de le laisser se dévider derrière lui tout au long de son parcours. Après avoir tué le monstre, il lui suffit de suivre le fil pour parcourir le chemin inverse et rejoindre la sortie. Thésée peut ainsi triompher du Minotaure et avoir la vie sauve. Le fil d'Ariane lui a permis de ne pas se perdre dans ce «dédale» et d'en retrouver l'issue. C'est la force de son amour pour Thésée qui pousse Ariane à imaginer un stratagème pour le sauver. Cette force, qui l'a guidée avec détermination vers l'objet de son amour, elle l'a puisée dans sa pulsion amoureuse pour cet homme, venue du féminin en elle, c'est-à-dire du principe qui la définit le plus fondamentalement.

Aujourd'hui, lorsqu'on parle du «fil d'Ariane», on fait allusion à un ensemble d'indices liés les uns aux autres qui permettent, si on suit l'enchaînement en sens inverse, de retrouver une chose perdue. Or, lorsqu'on prête attention aux interrogations des femmes sur leur identité, il est fréquent de les entendre exprimer, d'une façon ou d'une autre, le sentiment d'avoir perdu quelque chose, sans qu'elles parviennent à le définir avec précision. Fantasme étrange, mais cependant fréquent. De quoi s'agit-il? Qu'est-ce que ces femmes ont perdu? Où est le «fil d'Ariane» qui leur permettrait de le retrouver? Existe-t-il un lien entre cette perte mystérieuse et le féminin grâce auquel Ariane a pu sauver son amour?

«J'AI PERDU QUELQUE CHOSE...»

Des interrogations qui restent vagues...

À l'aube de la quarantaine, alors que les illusions de la jeunesse se dissipent, les interrogations sur l'identité se multiplient souvent. La femme se pose des questions sur elle-même, sur le parcours de sa vie, sur ses choix passés et ses espoirs pour l'avenir. Cette quête d'elle-même s'accompagne parfois d'une tristesse imprécise, d'une nostalgie sans nom, comme si elle regrettait quelque chose qu'elle ne parvenait pas à nommer. Cette impression vague est souvent exprimée en des termes tels que: «J'ai le sentiment d'avoir perdu quelque chose... de m'être égarée quelque part...»

Dans des moments de confidence et d'intimité, plusieurs de mes amies et camarades m'ont fait part de ce sentiment diffus. Toutes les femmes qui nous ont ouvert leur cœur au chapitre précédent, à l'exception de Luce, peut-être encore trop jeune, l'ont exprimé aussi, chacune sur un ton différent. Il revêt des formes variées, selon son intensité et l'aptitude de chacune à accéder aux couches les plus profondes de son être. Il pointe parfois sous une vague impression d'avoir été bernée ou de s'être leurrée soi-même quelque part. À d'autres moments, il envahit l'univers du travail, portant un sentiment de futilité, d'inutilité: pourquoi tant d'énergie consacrée à la carrière? D'autres encore ont l'impression d'être passées à côté de l'essentiel, de s'être perdues. Une femme, qui vient d'obtenir une promotion pour laquelle elle s'est battue longtemps, est elle-même étonnée de sa réaction lorsqu'elle atteint son but:

> J'ai obtenu ce que je voulais, ce pour quoi j'ai tant travaillé, mais au fond j'ai le sentiment d'avoir fait fausse route, de m'être égarée quelque part. Il me semble que j'ai perdu quelque chose en chemin.

Ce sentiment incite certaines femmes à exprimer une déception par rapport au mouvement de libération féminine. Les changements dans les rôles sociaux, la recherche d'égalité avec les hommes dans l'emploi et toutes les luttes menées par le mouvement féministe ne semblent pas avoir eu l'effet libérateur espéré. Leur malaise est souvent accompagné d'un vide relationnel. Les femmes se plaignent alors de l'indifférence des hommes, d'un isolement affectif, d'une grande solitude. Ce sentiment atteint parfois une telle intensité qu'il peut mener à repenser l'orientation d'une carrière, à réviser ses choix de vie ou à effectuer des changements importants. Claude retourne aux études, Andrée songe à avoir un enfant...

En réalité, il s'agit d'une rupture dans la continuité de l'être, comme si la femme, devenue étrangère à elle-même, ne se reconnaissait pas. Ce sentiment révèle un questionnement fondamental de l'identité profonde. Ses racines prennent naissance au plus profond de l'être, et c'est pourquoi il est si confusément ressenti et si difficile à nommer. Seul un travail approfondi d'introspection (lors d'une psychothérapie, par exemple) peut révéler la nature de ce sentiment. Une psychothérapie consiste justement à remonter le «fil d'Ariane» pour découvrir ce qui apparaît obscur au premier abord.

Pour mieux comprendre, je vous invite à suivre avec moi le fil d'Ariane de deux femmes. À travers leurs voyages intérieurs, que l'une a fait seule et l'autre au cours d'une thérapie, nous allons ensemble découvrir petit à petit à quoi se rapporte cet «objet perdu» et comment la relation de la fille avec son père a pu y contribuer. Comme en psychothérapie, on doit abandonner ici toute démarche intellectuelle et ne pas chercher à tout comprendre, mais plutôt se laisser pénétrer par le contenu de ces pages. Il s'agit d'une autre forme de compréhension, plus intuitive, qui doit venir de l'intérieur. Ainsi que ces femmes en ont fait l'expérience, il faut parfois accepter de se perdre pour se retrouver...

À LA RECHERCHE DE «CE QUELQUE CHOSE»

Nicole est âgée de 39 ans. À la fin de ses études collégiales, elle a entrepris des études universitaires en archéologie, mais plus le temps passait et moins elle se reconnaissait dans ce choix. Selon ses propres mots, il lui paraissait «emprunté», «collé» à elle comme un corps étranger, et qui ne lui convenait pas vraiment. Il ne correspondait pas à ce qu'elle se sentait être au fond d'elle-même. Bien sûr, Nicole aimait l'archéologie, mais elle désirait trouver un métier qui la passionnerait vraiment, qui l'engagerait corps et âme, et non pas un simple emploi lui assurant un revenu. En archéologie, elle se sentait un peu *déracinée,* pas vraiment chez elle. Elle avait conscience de s'être trompée, mais sans savoir au juste ce qui lui aurait convenu.

Elle prend alors la décision de partir en voyage, le plus loin possible et pour un temps indéterminé. Sans trop savoir pourquoi, elle a envie de se *déraciner,* de *se perdre* dans d'autres cultures. C'est pour elle un besoin impérieux. Elle espère ainsi parvenir à mieux se connaître et à reprendre contact avec elle-même. En l'écoutant aujourd'hui, on comprend que son projet était une recherche plus ou moins consciente de concrétiser son sentiment de déracinement et d'égarement par rapport à elle-même. Ne sachant plus vraiment qui elle était, ce qu'elle aimait ni ce qu'elle voulait faire de sa vie, Nicole cherchait à effacer, en allant vivre ailleurs, toute influence ayant pu contribuer à cet éloignement d'elle-même et à se retrouver face à elle seule.

Durant ce voyage en Asie, un jour qu'elle contemple la mer, Nicole découvre ce qui est vraiment important pour elle et susceptible de la modifier profondément: c'est son intérêt pour la nutrition, l'alimentation. C'est à ce moment qu'elle décide d'entreprendre,

lorsqu'elle reviendra, des études en diététique. Elle exerce aujourd'-
hui la profession de diététiste et s'y sent très à l'aise. Ce domaine
lui convient parfaitement, elle sait que ce choix est en harmonie
avec son soi véritable. C'est quelque chose qui l'habite vingt-quatre
heures par jour et dépasse le simple fait de travailler et de gagner
sa vie.

En acceptant de se perdre temporairement, de se «déraciner»,
Nicole a retrouvé son fil d'Ariane, qui l'a mise en contact avec ses
racines les plus profondes. Qu'est-ce qui avait contribué à l'éloigner
d'elle-même au point de se sentir mal à l'aise pour entreprendre une
telle démarche? Écoutons son histoire.

Nicole évoque une mère dominatrice, ayant beaucoup d'emprise
sur elle et sur la famille en général. Le père est éclipsé. Il parle peu,
ne se mêle pas vraiment à la vie familiale et se retire souvent seul
dans sa serre. Nicole déplore que sa mère ait pris tant de place dans
la famille et qu'elle ait «porté les culottes».

Les études sont l'unique domaine où la mère concède un peu de
pouvoir au père. Mais s'il encourage son fils à étudier, il n'agit pas
de même avec ses filles, probablement pour sauvegarder le seul territoire où le masculin peut se sentir en position de force dans la
maison. Lorsque Nicole entre à l'université, il lui dit: «Je ne sais pas
ce que tu fais là, tu n'as pas besoin de ça, tu vas te marier...» Évincé
par sa femme, il tente à son tour d'évincer les filles de son territoire.

Nicole a besoin de l'appui de son père pour trouver sa place
dans l'entourage de cette mère trop présente. Elle cherche à s'en
différencier et elle aurait besoin d'un modèle, d'un soutien. Mais le
père est faible et il se dérobe à la demande de sa fille. Au contraire,
il la repousse vers le monde des femmes où elle demeure prisonnière.

Elle garde pourtant de très bons souvenirs de sa relation d'enfant avec son père. Ils partageaient de nombreux intérêts: la lecture,
l'histoire, l'horticulture, la musique. Ils communiquaient par le biais
de ces activités, et Nicole avait accès à la sensibilité de son père.
Elle se sentait reconnue par lui, appréciée et aimée. À travers ces
échanges, son père lui renvoyait une image positive de sa féminité,
qui l'aidait à s'aimer et à s'accepter en tant que femme. Mais en
même temps, par son attitude à l'égard des études, il lui interdisait
de puiser auprès de lui la force nécessaire pour s'affirmer et faire

croître ses potentialités. Cela lui aurait été nécessaire pour se différencier de sa mère et trouver son identité propre. Dans l'incapacité
de compter sur l'approbation paternelle, le dynamisme de sa féminité se trouvait bloqué. Dans le regard paternel, elle pouvait lire
l'incitation à devenir femme, mais pas à développer ses facultés. À
propos des hommes, Guy Corneau note: «Manquer de père, c'est
manquer de colonne vertébrale[5].» Il en va de même pour les femmes. Pour affirmer leur identité, ce qui présuppose la fierté d'appar-
tenir à son sexe, elles doivent s'appuyer sur un sentiment de force
intérieure que l'enfant, garçon ou fille, puise auprès du père.

Les sentiments de Nicole vis-à-vis de son père sont ambivalents.
D'une part, elle ressent pour lui beaucoup d'amour et d'attachement, ce qui la rapproche de son désir féminin et la dispose bien à
ses relations amoureuses futures. Mais elle se sent coupable de son
besoin d'autonomie, d'indépendance et d'affirmation, puisqu'il
implique pour elle de déplaire au père et surtout de lui enlever son
maigre pouvoir. Or, c'est ce que Nicole ne peut se permettre de faire,
car elle passerait alors à son tour dans le clan des femmes domina-
trices et risquerait de perdre ainsi l'amour et l'affection paternels.
Elle perdrait le peu de soutien qu'elle trouve auprès de lui pour se
distinguer de sa mère et s'affranchir de son emprise. Nicole étouffe
ses forces vives, de peur d'écraser le père.

C'est à la lumière de ces considérations qu'il faut comprendre
son penchant pour l'archéologie, une matière qu'elle aime mais qui
l'éloigne d'elle-même. Cette discipline rejoint les intérêts du père.
L'histoire le passionne et il a su développer cet intérêt chez sa fille.
Sur ce terrain, ils se rejoignent. Mais, simultanément, dans son fantasme à elle, ce choix la maintient dans l'impuissance, celle du père
dans la famille. On sent cette dynamique à l'œuvre quand elle parle
de ses études.

> Au cégep, j'entendais dire que les gens en sciences tra-
> vaillaient beaucoup et qu'ils étaient plus intelligents. Je craignais
> d'être incapable de réussir. J'ai choisi les sciences sociales pour ne
> pas trop travailler et par peur de l'échec. J'étais jeune, je n'avais

---

5. Corneau, Guy, *Père manquant, fils manqué*, Montréal, Éditions de l'Homme,
   1989, p. 39.

personne pour m'aider à me questionner. Mon père décourageait mon désir d'étudier. Je voulais étudier, mais j'avais peur. Je n'ai pas osé aller en sciences... Plus tard, j'ai repensé à tout cela. Certains camarades du secondaire ont poursuivi leurs études en sciences et ils n'étaient pas meilleurs que moi, bien au contraire. Je n'ai pas osé, alors que les études en sciences de la santé m'avaient toujours attirée.

Nicole associe les sciences humaines à la faiblesse et les sciences de la santé à la force, à l'intelligence, à la puissance. Mais elle n'ose pas franchir le pas. Pourquoi? Craint-elle d'échouer comme elle le prétend? Non. Au fond d'elle-même, elle sait qu'elle peut réussir. Alors, de quoi a-t-elle eu peur? Poursuivant ses propos, Nicole mentionne bientôt que son frère réussissait mal à l'école, au grand regret de son père qui aurait tant aimé le voir fortifier le pouvoir masculin dans la famille, symbolisé pour lui par des études supérieures. Si Nicole renonce aux sciences qui l'attirent, associées à la force, c'est qu'elle craint de surpasser son frère. Elle assume inconsciemment le fantasme paternel qui lie pouvoir masculin et études. Réussir en sciences, ce serait démontrer sa supériorité intellectuelle sur son frère et contribuer à écraser le masculin déjà lourdement opprimé dans sa famille. Elle se culpabilise à cause de ses ambitions professionnelles. Dans son fantasme, elles usurperaient le pouvoir de l'homme, plus spécifiquement celui du père qu'elle aime et veut ménager. Elle veut à tout prix éviter qu'il ne la classe du côté de ces femmes trop fortes, qu'il redoute depuis toujours et qu'il nourrit de sa rancœur. Pour conserver son amour, Nicole sacrifie ses ressources et ignore ses forces. Elle s'interdit les sciences de la santé et s'engage plutôt dans des études sans valeur à ses propres yeux, les sciences sociales (il s'agit évidemment de sa vision toute subjective de ce champ d'études).

Assez rapidement, elle se sent mal à l'aise dans ce choix qui ne lui ressemble pas vraiment. Elle pressent qu'elle s'est coupée d'une partie d'elle-même, de ses propres forces, de son essence. Comment reprendre contact avec cette part essentielle d'elle-même sans étouffer le masculin? Le modèle maternel ne peut lui servir. Heureusement, adolescente, elle a rencontré une femme différente de sa mère, qui l'a aidée à comprendre qu'il était possible d'utiliser ses capacités sans écraser l'homme qu'on aime. C'est probablement ce qui lui a permis de ne pas se perdre tout à fait. Ce modèle, elle l'a trouvé en la personne d'une voisine avec qui elle a développé une relation très étroite. C'était une femme dynamique, bien dans sa peau, qui aimait les voyages et vivait une relation de couple satisfaisante. Elle s'intéressait à tout et Nicole pouvait partager avec elle, une femme, les intérêts qu'elle partageait avec son père.

Maintenant que nous connaissons l'histoire de Nicole, nous pouvons mieux comprendre le sens de sa démarche. En s'extirpant de son milieu par son voyage, en s'éloignant volontairement des influences qui lui avaient fait perdre le lien avec ses forces féminines, Nicole découvre, sur le bord de la mer, ce qui la passionne véritablement: la diététique. Pourquoi cette discipline lui semble-t-elle correspondre mieux à son être profond? Quel sens la diététique prend-elle à travers son histoire? D'abord, il s'agit d'études en sciences de la santé, associées pour elle, comme on l'a vu, à la force et à l'intelligence. Mais ces études la rapprochent également du féminin, contrairement à l'archéologie qui était un choix d'emprunt calqué sur les goûts du père. Bien sûr aussi, la diététique concerne la nutrition, ce qui peut la rapprocher de l'identification à la mère. Mais ce n'est pas la seule explication. Si ce choix lui permet de retrouver sa féminité, c'est qu'elle l'assimile au modèle rencontré durant son adolescence. En effet, en parlant de ce long cheminement qui l'a menée à la réorientation de sa carrière, elle s'aperçoit avec étonnement que deux des filles de cette voisine aimée et admirée sont diététistes! Elle n'y avait jamais songé auparavant. Ce choix instinctif s'est fait sans qu'elle le relie à cette femme. Inconsciemment, son être profond l'a guidée, et bien guidée, vers sa féminité perdue. Et c'est ce modèle féminin rencontré à l'adolescence qui lui a permis de retrouver le chemin dont elle s'était détournée pour ne pas ressembler à la figure maternelle, porteuse de haine et de mépris pour le masculin.

Cette histoire nous aide à mieux comprendre à quoi se rapporte ce vague sentiment de perte. Ce qui est perdu, et si difficile à nommer, c'est le féminin, la féminité dans ce qu'elle a de plus profond, l'essence de l'être de la femme, qui va bien au-delà des rôles, des attitudes, des comportements et des attributs extérieurs. La féminité au sens de l'harmonie avec l'être profond, ce côté de la femme qui la pousse vers l'homme dans une recherche de complémentarité. Être bien en tant que femme parce que cela correspond à ce que l'on est véritablement, être fière de soi et puiser dans la réalité de son sexe force et confiance, voilà ce qu'est la féminité dans son essence. C'est en possédant cette assurance et cette confiance en soi que la femme peut aller à la rencontre de l'homme sans se sentir menacée et affirmer sa différence dans la complémentarité à l'intérieur d'une relation où prédomine l'amour. Mais pour y arriver, la femme doit parvenir à accorder de la valeur à tout ce qui est féminin en elle. Nicole a retrouvé sa vérité par le choix d'une profession, mais toutes les femmes ne suivront pas le même chemin. L'essentiel est de reprendre contact avec son essence profonde. À chacune de trouver son fil d'Ariane.

L'histoire de Nicole montre l'importance du rôle fondamental du père pour que la fille parvienne à estimer sa féminité, condition de base au développement d'une identité solide. On peut voir également comment il est facile pour la femme de perdre le lien avec son être profond, avec le féminin en elle. En remontant le fil d'Ariane d'une autre femme, Mariane, nous allons chercher à mieux comprendre comment cet égarement peut survenir.

LE DÉDALE DE LA FÉMINITÉ

En principe, l'identité de toute femme devrait prendre assise sur le féminin. Selon Robert Stoller[6], qui a beaucoup étudié le développement de l'identité sexuelle, le féminin serait présent dès les premiers mois de la vie et s'ancrerait dans les toutes premières identifications de l'enfant à sa mère.

Mais nous venons de voir que la femme adulte ne peut pas toujours accéder à ce féminin qui devrait constituer la base de son identité. Il apparaît que cet accès se révèle parfois difficile et que la femme se trouve coupée de ses racines. Si on écoute plus attentivement ce que chaque femme pressent de son identité profonde, on s'aperçoit avec surprise que plusieurs d'entre elles se demandent, à un moment ou à un autre de leur vie, ce que c'est qu'être femme. Si on songe au mythe de Thésée et le Minotaure, on a l'impression qu'Ariane, bien souvent, a perdu son fil...

---

6. Stoller, Robert, *Recherches sur l'identité sexuelle,* Paris, Gallimard, 1978.

Pour nombre de femmes, en effet, le féminin pose problème. Pour quelques-unes, comme Claude, le sentiment d'en être éloignée est très marqué. D'autres, à l'instar de Nicole, parviennent difficilement à concilier leur féminité et leurs activités professionnelles. Certaines se sentent femmes et féminines, mais sont mal à l'aise dans cette identité. D'autres encore s'y sentent bien, mais doutent d'elles-mêmes et de leur valeur personnelle. La voie qui mène au développement harmonieux de la féminité serait-elle si difficile? L'accès à l'essence même de son être serait-il un labyrinthe pour la femme? Dans quels méandres vient-elle perdre ainsi le lien avec ce qu'elle a de plus vrai en elle, le féminin?

Pour le comprendre, il faut savoir comment se développe l'identité féminine. Encore une fois, il n'est rien de mieux pour saisir la théorie que de l'illustrer par un cas vécu. Nous allons de nouveau entrer dans l'intimité d'une femme qui a fortement ressenti ce sentiment «d'avoir perdu quelque chose». Cette fois-ci, nous allons suivre la chronologie du développement de son identité en nous attardant au rôle joué par le père. Cela nous permettra de voir dans quels dédales le féminin de Mariane a fini par se perdre complètement, à ce point qu'elle a dû entreprendre une longue démarche de psychothérapie pour le retrouver. L'histoire de Mariane est celle de sa réalité subjective, c'est-à-dire *telle qu'elle l'a vécue et ressentie subjectivement,* telle qu'elle l'a appréhendée et interprétée. Il ne s'agit pas de la réalité *objective,* de ce qui s'est vraiment passé. Il est important de saisir cette nuance, car c'est la réalité subjective qui contribue à la formation de l'identité. En effet, l'un des facteurs en jeu dans cette dynamique, c'est le tempérament de l'individu, ce qui le caractérise en propre, sa façon de comprendre et d'interpréter les événements et les relations qui forment son histoire.

À TROP CHERCHER UN PÈRE QUI FUIT, ON S'ÉGARE

Une petite fille bien féminine...

Quand elle se revoit toute petite, avant l'âge scolaire, Mariane se remémore une enfant rieuse, qui aimait s'entourer de ses poupées, les promener en poussette et jouer à la maman. Elle éprouvait de la fierté quand elle portait de jolies robes et imitait sa mère et ses grandes sœurs. Elle se souvient d'elle comme d'une petite fille heureuse dans sa peau. À l'âge de six ou sept ans, cette fierté disparaît. Le souvenir qu'elle garde de cette époque est celui d'une petite fille triste, devenue un garçon manqué. Robes et poupées ont été délaissées, et Mariane préfère porter des pantalons pour jouer au cow-boy avec les petits garçons du voisinage. Que s'est-il passé entre deux et six ans? C'est ce qu'elle a tenté de comprendre.

Dernière venue d'une grande famille, Mariane ne savait pas toujours quelle y était sa place et si elle avait quelque chose de particulier à lui apporter. Sa mère l'aimait, elle le sentait bien mais, épuisée par ses nombreuses grossesses, elle cédait souvent sa place à ses filles aînées, qui entouraient Mariane de leur attention et de leur affection.

À côté de sa mère et de ses sœurs évoluait une autre grande personne, son père. Il ne lui prêtait pas beaucoup d'attention, mais Mariane sentait qu'il était très différent d'elle, de sa mère et de ses sœurs: il était un homme. Cette singularité l'attirait et la fascinait, et le petit bout de femme qu'elle était essayait parfois d'attirer son attention. Elle minaudait, tentait de le séduire, mais ses efforts se révélaient le plus souvent inutiles. Il semblait ne pas la voir. Contrairement aux autres grandes personnes qui lui parlaient et s'occupaient d'elle, lui l'ignorait. Aussi demeurait-il une énigme pour elle. Qu'était-ce donc qu'un homme? Attirer son attention semblait fort difficile. Comment fallait-il s'y prendre? Il parlait peu, même à ses frères lorsqu'ils venaient à la maison pendant leurs congés scolaires (ces hommes-là non plus, elle ne les voyait pas beaucoup, puisqu'ils étaient pensionnaires et ne paraissaient à la maison que pour de brefs séjours). Au retour du travail, son père prenait le journal et s'asseyait sans un mot jusqu'à l'heure du souper. Après avoir mangé, la plupart du temps en silence, il retournait se réfugier dans sa lecture.

Mariane était attirée, intriguée, fascinée par son père, en même temps qu'elle le craignait un peu. Non pas qu'il était méchant ni qu'il élevait la voix, mais un enfant a toujours un peu peur des grandes personnes, surtout quand elles ne lui parlent pas. Cette peur s'envole rapidement quand l'adulte s'approche doucement en souriant et lui adresse la parole. C'est ce que faisait sa mère et ses sœurs, et aussi son frère aîné qui ne venait à la maison que de temps à autre. Mais son père lui adressait peu la parole et ne lui souriait que rarement. Elle ne semblait pas exister pour lui. Aussi lui a-t-il fallu bien des années avant de comprendre cet étrange personnage et même après avoir compris qu'il était son père, elle ne s'est jamais vraiment départie de la peur qu'il lui inspirait.

À l'âge de six ans, accompagnée de ses parents, elle fait son inscription à l'école primaire. Le souvenir qu'elle garde de cet événement est très vivace. Elle se revoit dans le grand parloir du couvent, toute petite à côté d'eux, impressionnée à l'idée qu'elle va maintenant entrer dans le monde des grands. Elle aime observer en silence, c'est son tempérament. Rien de ce qui se passe autour d'elle ne lui échappe. La directrice, autorité suprême de ce nouveau monde qui l'attend, l'impressionne dans son costume noir. Mariane écoute ce qu'elle dit: elle remercie ses parents, en s'adressant surtout à son père, de leur confier leur petite dernière. Elle assure qu'il sera fier de Mariane comme de ses sœurs qui l'ont précédée. Le ton sur lequel la directrice s'adresse à lui ne peut manquer de frapper vivement Mariane. Elle semble tout aussi impressionnée par la présence de son père que Mariane l'est par la sienne.

Bien que sa mère assiste à l'entretien, la religieuse n'a d'égards que pour son père et c'est avec respect qu'elle s'adresse à lui (le père de Mariane occupait un poste important dans le domaine de l'éducation). Ses sens ne peuvent la tromper: la directrice craint son père et lui marque une grande déférence. L'homme qui inspire ce respect, le grand personnage qui en impose à l'autorité de l'école, c'est son père, cette même personne qu'elle ne parvient pas à déchiffrer. En raison de ce lien du sang, elle sent qu'elle bénéficie d'un statut privilégié auprès de la directrice, avant même qu'elle ait mérité une telle considération! Parce qu'elle est sa fille et lui son père, elle est une petite fille bien spéciale, pense-t-elle!

Le début d'une errance

Dès ce moment, dans sa petite tête d'enfant, elle croit avoir découvert qui est cet homme si mystérieux qu'elle tente en vain de comprendre depuis six ans. C'est un personnage important, dont le travail est de voir à ce que les écoles fonctionnent bien et, par conséquent, à ce que les élèves soient bien instruits et bien éduqués. Elle s'imagine alors avoir trouvé ce qu'elle a recherché sans succès pendant si longtemps: comment retenir l'attention de son père. De bons résultats scolaires ne peuvent manquer de lui plaire, cela semble si important pour lui!

Commence alors l'errance de Mariane à travers son dédale, à la recherche non pas du Minotaure, mais du moyen de plaire à son père. Elle ne le sait pas encore, mais elle va perdre ainsi le fil qui la relie à sa féminité. Cruelle ironie, puisque sa recherche en concerne précisément un aspect: l'attrait pour le premier représentant du sexe opposé qu'elle a connu, son père! Elle s'oblige alors à réussir sur le plan scolaire afin d'être reconnue par lui. Quelque chose l'intrigue cependant. Comment se fait-il que la directrice la considère comme une petite fille spéciale quand son père, qui vit auprès d'elle depuis sa naissance, ne semble même pas l'avoir remarquée? La directrice doit se tromper sur son compte. Persuadée de ne pas être cette enfant extraordinaire, elle a très peur de décevoir la mère directrice et, bien sûr, son père. Aussi est-elle prise de panique lors de la première journée d'école lorsqu'elle se rend compte, à sa stupéfaction, qu'elle ne sait pas lire! Après une seule demi-journée, elle veut abandonner, ne se sentant pas à la hauteur de la situation.

Son père ne soupçonne rien du drame qui se joue en elle. Sans doute aurait-il pu la réconforter, s'il avait su. Mais telle n'est pas la réalité subjective de Mariane. Il ne lui parle pas? Elle en conclut qu'elle n'en vaut pas la peine. Et rien ne peut la faire changer d'idée. Sa sœur aînée, à qui Mariane a confié sa grande honte de ne pas savoir lire, tente de la rassurer, mais elle aussi ignore l'origine de ce trouble. Ses paroles de réconfort ne peuvent avoir qu'un succès relatif, parce que c'est la peur de ne pas réussir à attirer l'attention de son père, une fois de plus, qui terrorise Mariane. En vérité, personne d'autre que lui n'aurait pu la rassurer.

C'est donc avec la crainte de ne pas être à la hauteur que Mariane commence ses études. Très vite, elle obtient de bons résultats. Cette preuve qu'elle est capable de réussir et la satisfaction de son institutrice lui permettent d'espérer que son père sera enfin fier d'elle et la découvrira. À la fin de chaque mois, elle lui présente son bulletin, à la fois craintive et pleine d'espoir. Il doit être comblé, puisqu'il est si important pour lui que les enfants fassent de bonnes études, pense-t-elle. Son bulletin prouve qu'elle a bien étudié. Elle éprouve un immense besoin de voir le regard de son père briller de fierté pour elle et de se sentir digne d'être sa fille. Plus que l'approbation de l'école ou celle de sa mère, c'est celle de son père avant tout qu'elle recherche. Comme toutes les petites filles, Mariane a besoin que, publiquement, ouvertement, il la reconnaisse comme sa digne descendante. Jusqu'alors, il ne semble pas l'avoir remarquée, ni ce qu'elle *est,* aussi s'efforce-t-elle de tout *faire* pour attirer son regard. Sans le savoir, elle déplace peu à peu la représentation qu'elle a d'elle-même de l'être vers le faire, de l'essence vers la performance.

Persévérante, elle lui présente régulièrement ses résultats scolaires. Sa moyenne générale est rarement en dessous de 98 %. Elle en est fière, mais une certaine crainte persiste lorsqu'elle lui tend, en tremblant, son bulletin grand ouvert pour qu'il voie bien les notes. Si sa personne ne suffit pas, ses notes, elles, réussiront-elles à éveiller l'intérêt de son père? Il prend le carton sans la regarder et il le referme aussitôt, sans y jeter un coup d'œil. Il appose sa signature à l'endos et lui rend son bulletin, silencieux, avant de replonger dans sa lecture. Les espoirs de Mariane s'évanouissent. Elle s'éloigne déçue, penaude, honteuse, humiliée. Comment a-t-elle pu penser qu'il serait content d'elle? Après tout, elle n'a obtenu que 98 %! Elle conclut, dans sa tête d'enfant, qu'elle n'a pas encore trouvé la bonne façon de se faire reconnaître par son père. Ce qu'elle a fait est encore insuffisant. Pour cette enfant qui a tant besoin de l'approbation de son père, l'indifférence de celui-ci ne peut s'expliquer que par du mépris et de la froideur, d'où sa honte et son humiliation. S'il ne remarque même pas ses efforts et ne la félicite pas, c'est sûrement qu'elle n'en vaut pas la peine.

D'où lui est venue l'idée que son rendement scolaire serait une bonne façon d'attirer la faveur de son père? Elle a pourtant tenté sans succès d'utiliser, plus jeune, cet autre moyen naturel que toute petite fille connaît d'instinct: la séduction. C'est l'attitude de la directrice qui lui a fait croire que la performance scolaire pouvait constituer une voie d'accès à cet être inabordable. Mais les résultats scolaires n'ont pas plus d'effets que ses tentatives de séduction.

Ce nouvel échec la laisse désemparée et elle ne parvient pas à trouver une autre voie pour rejoindre son père. Elle se perd de plus en plus dans son dédale. Son besoin de lui est trop grand, trop important pour qu'elle y renonce. La satisfaction qu'elle lit dans les yeux de sa mère, de ses professeurs ne suffisent pas à la rassurer. Alors, elle s'acharne. De plus en plus, elle s'éloigne d'elle-même. Elle travaille sans relâche et s'efforce d'obtenir de meilleurs résultats.

À la fin de chaque mois, c'est le même scénario: espoir et crainte, présentation du bulletin (dont elle est de moins en moins fière, le doute s'intensifiant), indifférence du père, déception, humiliation et... colère. Mais se fâcher contre son père serait inconcevable: elle a trop besoin de lui et, de toute façon, il ne peut pas être dans l'erreur, elle l'admire tellement! S'il ne répond pas à ses attentes, c'est sans aucun doute sa faute à elle... Le découragement la gagne peu à peu, insidieusement, et son estime d'elle-même s'affaiblit progressivement. Elle ignore la véhémence de ses espoirs et combien ils minent sa perception d'elle-même.

Premier échec...

Un événement qui marque un point tournant dans son histoire se produit en quatrième année. Comme devoir de religion, les élèves doivent rédiger un texte sur une chose que leur mère leur a enseignée, et répéter le même exercice pour leur père. Toujours aussi soucieuse de bien réussir, Mariane se met consciencieusement au travail. Pour ce qui est de sa mère, elle n'a aucune peine à trouver. Mais lorsqu'elle veut décrire ce que lui a appris son père, c'est le vide total. Catastrophe! Elle qui n'a encore jamais connu d'échec scolaire, elle se bute tout à coup à un obstacle infranchissable: il ne lui vient aucune idée. Elle est prise de panique. Pour la première fois, elle va échouer, et par la faute de son père en plus! Elle fond en larmes. Sa mère lui demande ce qui lui arrive. Mariane explique. «Mais il t'a sûrement appris quelque chose, lui dit sa mère, cherche bien. Est-ce qu'il ne t'a pas appris à aimer la nature, par exemple?»

Cette remarque surprend beaucoup Mariane. Elle se met à réfléchir. Oui, c'est vrai qu'elle aime la nature. Elle aime courir dans les champs, sentir les fleurs, écouter les oiseaux, identifier les champignons... Mais que cette passion lui vienne de son père lui semble tout à fait insolite. Elle cherche dans sa mémoire... Des images défilent dans sa tête. Elle se revoit dans la forêt en train de suivre ses parents et d'autres grandes personnes. Son père ramasse du «cresson» (nom commun de la dentaire à deux feuilles). Mariane essaie de repérer cette plante, mais n'y arrive pas. Son père ne s'occupe pas d'elle, il est tout à son affaire. Elle est trop gênée, trop impressionnée par lui, pour oser lui poser une question. Un autre souvenir semblable lui revient. Son père montre aux autres personnes qui l'accompagnent comment reconnaître les trilles dressés, et c'est ainsi que Mariane apprend le nom de cette belle fleur rouge: en écoutant et en observant ce qui se passe entre les grands. Non, sa mère se trompe, ce n'est pas son père qui lui a appris à aimer la nature, elle a appris toute seule en le suivant. Il ne lui a jamais enseigné *à elle* que telle fleur se nommait trille ou érythrone.

Alors qu'elle sort de sa rêverie, ses sanglots redoublent. Elle vient de comprendre à quel point ses efforts pour rejoindre son père sont inutiles. C'est maintenant une évidence: elle ne l'intéresse pas. D'ailleurs, est-elle bien sa fille? Quelque chose vient de se casser en elle qu'elle aura bien du mal à réparer par la suite. Sans s'en rendre compte, elle vient de s'engager plus avant sur une voie qui va la conduire loin d'elle-même et de son identité féminine.

Au bulletin suivant, elle se dit: «Il est inutile de le lui montrer. Cela ne sert à rien, puisqu'il ne le regarde même pas. Je vais le signer moi-même.» Ruminant sa colère, elle se met à noircir des pages et des pages en tentant d'imiter la signature de son père. Mais elle craint trop d'être découverte et n'ose pas mettre son projet à exécution.

Mariane s'est contentée, dans les faits, d'imiter la signature de son père en secret, mais ce qui est plus grave, c'est qu'elle en adopte peu à peu l'identité inconsciemment. Cet homme dont elle avait tant besoin pour se reconnaître elle-même comme une personne, une femme intéressante, elle se met, à son insu, à l'intérioriser. Le processus était déjà amorcé depuis quelque temps, sans qu'elle le sache, mais à partir de ce moment, il s'intensifie. Elle tente inconsciemment de devenir celui qui lui a tant manqué. Peu à peu, la petite fille rieuse et fière se transforme en garçon manqué. «Garçon manqué», oui, parce qu'elle a «manqué» son rendez-vous avec son père, au point d'en perdre sa féminité. Les poupées ne l'intéressent plus. Elle considère avec mépris ses petites amies qui l'invitent à se joindre à leurs jeux. Elle se lie plutôt d'amitié avec des garçons, de préférence plus jeunes qu'elle, pour pouvoir les contrôler à sa guise. Elle s'intéresse de plus en plus à des jeux masculins, jeux de guerre, de cow-boy, hockey, etc. Mariane ne se doute pas le moins du monde que, par ce comportement, elle déprécie son propre sexe et adopte envers lui cette même attitude que celle qui l'a tant blessée de la part de son père. Pire, faute d'avoir trouvé auprès de lui la confirmation de sa valeur personnelle et de sa valeur en tant qu'être féminin, elle s'éloigne de sa féminité. Tout cela s'édifie sur une grande peine d'amour et une immense colère contre ce père qui l'a ignorée et qui n'a pas su lui renvoyer une image positive d'elle comme fille et future femme.

RETROUVER LE FIL D'ARIANE...

L'histoire de Mariane est unique, bien sûr, tout comme elle et son père le sont. En la rapportant, j'ai volontairement fait ressortir le rôle joué par la relation père-fille et mis de côté les autres éléments qui ont contribué à son éloignement d'elle-même. Le père de Mariane était un homme introverti, replié sur lui-même et peu communicatif. Peut-être n'a-t-il pas été aussi indifférent à sa fille qu'elle ne l'a senti. Mais la perception subjective doit être confrontée à une réponse concrète dans la réalité pour que celle-ci soit bien perçue et bien interprétée. En raison de la difficulté de communication de son père, Mariane n'a pas pu savoir si elle lui était vraiment indifférente, ce qui a profondément marqué sa perception d'elle-même.

Son cas peut sembler extrême, tout comme son éloignement par rapport à sa féminité et, pour cette raison, toutes les femmes ne s'y reconnaîtront pas. Il présente toutefois l'avantage de nous faire comprendre les mécanismes à l'œuvre dans des situations plus courantes. De ce point de vue, son histoire est aussi ordinaire que celles de Nicole, Andrée, Diane, Claude, Luce ou Marjolaine. L'éloignement du féminin n'est pas toujours aussi marqué, mais le fantasme d'avoir perdu quelque chose, lui, est très répandu. Il révèle souvent un rapport difficile avec l'identité féminine et porte fréquemment l'empreinte d'un manque dans la relation au père. Pour Mariane, il se résout par la perte du féminin. Pour d'autres, la féminité n'est pas complètement perdue, mais elle fait mal, parce qu'elle est dépréciée à leurs propres yeux, quand elle ne se réduit pas tout simplement à l'impression de n'être qu'une jolie enveloppe sans contenu, sans squelette. D'une façon ou d'une autre, c'est toujours le féminin qui est souffrant, soit parce qu'il est perdu, soit parce qu'il est vidé de sa force et de sa valeur.

Mariane est habitée par une immense colère contre son père, une colère qu'elle a très longtemps ignorée. Pour retrouver la voie de sa féminité, il lui a fallu d'abord prendre contact avec cette colère. De nombreuses femmes éprouvent le même sentiment et il est rare qu'elles en aient conscience. Tout comme l'amour passionné de la petite fille pour son père a été relégué aux oubliettes de la mémoire inconsciente, la haine aussi a été oubliée. Mais ce qui est ainsi dissimulé ne peut manquer de refaire surface, à un moment où on ne s'y attend pas. Beaucoup de doléances formulées par les femmes adultes à l'endroit de leur partenaire masculin sont l'écho de cette guérilla oubliée[7]. Et lorsque la femme, malheureuse, angoissée, déprimée ou perpétuellement insatisfaite, se rend compte que ses relations amoureuses sont une succession d'échecs, et qu'elle entreprend une psychothérapie, elle est souvent stupéfaite de découvrir toutes ces émotions intenses d'amour et de colère passionnés, dont elle avait perdu le souvenir.

Retrouver son fil d'Ariane pour la femme, c'est retrouver la voie du féminin, de son identité profonde. Mais c'est aussi peut-être reprendre contact avec la colère contre le père, la peine, la déception et l'amour pour ce premier homme de sa vie.

---

7. Guy Corneau, dans *L'amour en guerre* (Montréal, Les Éditions de l'Homme, 1996), a bien analysé ce genre de reproches.

CHAPITRE III

Aux sources de l'identité

Elle ne se connaît pas, mais qui se connaît?
N'allons-nous pas tous à travers la vie dans la
même ignorance de ce que nous sommes, prêts à
nous ruer sur toute description de nous-mêmes qui
nous donnerait l'illusion délicieuse d'avoir une
identité simple qui tient en quelques mots?

Jacqueline HARPMAN, *Orlanda*

Jusqu'à présent, j'ai souvent mentionné le terme «identité» sans vraiment le définir. Pour comprendre le rôle du père dans le développement de l'identité chez la fille, il faut d'abord bien saisir ce que veut dire ce mot. Le langage populaire utilise largement ce terme, mais est-on bien certain de savoir exactement ce qu'il recouvre d'un point de vue psychologique?

Dans ce chapitre, il sera question de la nature de l'identité, des éléments qui la composent et de son processus de formation. Ce sera l'occasion de préciser le sens de plusieurs expressions, telles que «identité», «sentiment d'identité», «identité sexuelle» et «identification», qui ne sont pas toujours claires pour le lecteur non initié qui s'aventure dans des lectures sur le sujet. Une fois ce vocabulaire devenu plus familier, il sera plus facile de nous intéresser au rôle du père dans la constitution de l'identité féminine.

LE LABYRINTHE DE L'IDENTITÉ

«Qui suis-je?» Question simple en apparence... Nous avons tous une certaine intuition de qui nous sommes, une connaissance subjective de notre identité. Mais quand vient le temps de la définir avec plus de précision, nous nous apercevons bien que cette perception de nous-mêmes est plus trouble que nous le pensions, et que cette question nous mène dans un labyrinthe où il est facile de se perdre.

Si nous entreprenons d'y répondre, il est possible que nous ayons d'abord le sentiment de nous retrouver en terrain connu. Quelques éléments de réponse nous viennent spontanément. Il nous est facile de décliner différents paramètres de notre identité sociale (nom, sexe, âge, profession, état civil, etc.). En général, nous nous faisons aussi une image plutôt réaliste de nos caractéristiques physiques extérieures, de notre apparence (couleur des cheveux et des yeux, de la peau, traits distinctifs, conformation générale). Peut-être avons-nous même une connaissance assez juste, bien que forcément partielle, de notre métabolisme physiologique (faiblesse de certains organes ou fonctions corporelles, réactions à diverses situations, telles que les moments de joie, de tristesse ou d'anxiété, etc.).

Cette description devient cependant vite insuffisante. Lorsqu'il s'agit de nous former une idée précise de nos pensées, de nos désirs, de nos sentiments, de nos impulsions ou de nos attitudes, ou encore des idéaux et des valeurs qui guident notre vie, nous avançons alors plus craintivement, avec moins d'assurance dans les détours de notre monde intérieur. Notre pensée emprunte des voies qui nous surprennent, et parfois même nous déplaisent. Nos opinions deviennent plus fuyantes et nous amènent parfois à des contradictions inconfortables: nous hésitons, nous nous mettons à bafouiller... Il est alors tentant de rebrousser chemin et de s'engager sur une autre voie, car dans le labyrinthe où nous sommes entraînés, nous appréhendons de rencontrer non pas le Minotaure, mais une créature intérieure dont nous ignorions l'existence. Pris de panique, nous nous hâtons vers la sortie en renonçant à répondre à la question piège. Et si nous nous enfonçons plus avant, la crainte de nous perdre et de n'en plus pouvoir ressortir peut nous envahir et embrouiller totalement nos pensées.

Bien sûr, les réactions diffèrent d'un individu à l'autre. Certains parviennent assez facilement à bien exprimer leur vécu intime, tandis que d'autres n'y arrivent pas, non pas à cause de leur pudeur, mais parce que les mots leur manquent. Aisance ou pas, tôt ou tard viendra le moment où les paroles ne suffiront plus. Notre tentative pour nous définir nous laissera insatisfaits parce que nous en sentirons l'imperfection. Par exemple, il nous sera peut-être difficile d'expliquer certaines de nos réactions qui nous surprennent nous-mêmes ou encore de reconnaître comme nôtres des pensées qui surgissent dans nos rêves. Peut-être sera-t-il encore plus malaisé de répondre à la question: «Vous sentez-vous vraiment homme ou femme?»

Toutes ces dimensions sont en réalité des composantes de notre identité. C'est donc dire que cette identité, ou plus précisément le sentiment qu'on en a, est faite d'une perception très subjective de soi-même. Si elle présente des aspects clairs et conscients, l'identité contient aussi des éléments qui nous semblent plus obscurs et d'autres qui nous échappent complètement (les dimensions inconscientes).

En nous arrêtant pour réfléchir à ce qu'est l'identité, nous essaierons de voir comment elle se développe et à partir de quelles composantes. Nous pourrons mieux comprendre comment une personne en vient à s'exprimer ainsi: «J'ai le sentiment de m'être perdue quelque part...» ou encore «J'ai l'impression de n'avoir jamais existé, de n'avoir jamais été moi-même, d'avoir vécu en marge de ma vie». Ces réflexions témoignent de sentiments de rupture au sein de l'identité, de malaises identitaires importants.

QU'EST-CE QUE L'IDENTITÉ?

Selon plusieurs auteurs, dont entre autres Édith Jacobson, l'identité c'est la représentation que l'on a de soi en tant qu'*individu unique, séparé* et *distinct des autres*[8]. Elle se caractérise par une certaine expérience de *continuité*, c'est-à-dire par l'impression qu'un individu a de demeurer fidèle à lui-même tout au long de sa

8. Jacobson, Édith, *Le Soi et le monde objectal,* Paris, PUF, 1975, 245 p.

vie, malgré les inévitables changements qu'entraînent les multiples expériences qui jalonnent son développement.

L'identité, c'est le Vrai Soi

Winnicott [9], un psychanalyste anglais, parle du «Vrai Soi» pour décrire l'identité. Le Vrai Soi, c'est la fidélité à son être psychique profond, à son essence, pourrait-on dire. Habituellement, celle-ci est ininterrompue toute notre vie durant. C'est ce que l'auteur désigne par la «continuité d'être».

C'est du Vrai Soi qu'émergent le geste spontané et l'idée personnelle, autrement dit la créativité. À l'âge adulte, c'est sur lui que reposent la confiance en soi, le sentiment de sa valeur personnelle et la conviction que la vie vaut la peine d'être vécue. Le Vrai Soi émane de tout ce qu'il y a de vie à l'intérieur de nous, de l'énergie vitale qui prend sa source dans toutes nos fonctions corporelles et nous pousse vers l'avant. Lorsqu'il peut s'épanouir pleinement, il nous donne le sentiment d'être réel, ou selon une expression populaire, d'être «branché» sur ce qu'il y a de plus vrai à l'intérieur de soi.

À l'inverse, le doute quant à sa propre valeur, les sentiments de futilité et d'inutilité des choses et de la vie, le manque de vitalité, tout cela témoigne d'un malaise au sein de l'identité et signale une souffrance du Vrai Soi. Lorsque ce trouble atteint un degré plus élevé, l'individu peut exprimer le sentiment de s'être perdu quelque part ou, pire, de n'avoir jamais été lui-même. De telles paroles expriment un vécu intérieur d'irréalité, comme si la personne qui les prononce avait l'impression que ce qu'elle montre d'elle est faux et ne reflète pas vraiment son être profond. Winnicott parle alors d'une identité dominée par un Faux Soi.

Le Faux Soi ne joue pas qu'un rôle négatif, cependant. Il est aussi chargé de protéger le Vrai Soi contre les blessures que pourrait lui infliger l'entourage. Il correspond aux aspects les moins fragiles de l'identité, qu'on peut plus facilement présenter aux autres. Socialement, il n'est pas adéquat de toujours tout révéler de soi, et il est même nécessaire d'adopter certaines convenances selon telles ou telles circonstances. Posséder un Faux Soi n'est donc pas une

---

9. Winnicott, D.W., «La distorsion du Moi en termes de Vrai et de Faux Soi», dans *Bulletin de l'Association psychanalytique de France,* n° 5, Paris, 1969, p. 90-106.

mauvaise chose. Chez tout individu, Vrai Soi et Faux Soi coexistent toujours, mais dans des proportions variables. L'important, c'est d'avoir accès à son Vrai Soi, de le sentir vivant à l'intérieur de nous et de se sentir à l'aise de le révéler, dans une relation de confiance, par exemple. Mais quand le Vrai Soi est complètement étouffé et que l'individu devient étranger à lui-même, quand le Faux Soi domine, c'est alors qu'apparaissent des malaises, des sentiments de rupture ou d'irréalité.

Identité et sentiment d'identité

L'identité doit être distinguée du sentiment d'identité. La première est un état d'être, tandis que le second est la perception subjective que l'on a de cet état. C'est le sentiment de notre identité qui nous permet de dire «Je suis moi-même» ou «Je ne suis pas moi-même». Il se développe en même temps que la conscience de soi.

Le Vrai Soi, comme la conscience de soi, est présent dès la naissance, à l'état embryonnaire, et il devra se construire. Chaque étape du développement de l'individu, si elle est bien franchie, contribue à renforcer non seulement le Vrai Soi, mais aussi le sentiment d'être réel, c'est-à-dire l'impression d'être conforme à son être profond. On parle alors de «réalisation de soi», «d'accomplissement de ses possibilités», «d'actualisation de son potentiel», ce qui correspond à la constitution de l'identité, à la consolidation du Vrai Soi.

Au terme de ce processus, l'individu aura le sentiment d'une force intérieure. Il pourra dire qu'il se sent «en pleine possession de ses moyens». Il aura confiance en lui et aura une juste appréciation de sa personne, de ses forces et de ses limites. Il saura bien évaluer ses réussites, c'est-à-dire les reconnaître, et en retirer le mérite, sans toutefois s'y complaire. Il pourra de même reconnaître ses échecs et saura en tirer profit comme d'une expérience d'apprentissage, sans qu'ils ne l'invalident totalement. De plus, son sens des responsabilités ne sera pas contaminé par une culpabilité inappropriée.

À l'inverse, lorsqu'une étape du développement bloque, il peut en résulter une blessure au sein du Vrai Soi. L'individu doit alors se défendre contre cette blessure infligée à son être véritable. Si celle-ci est importante, il n'a d'autre choix que de se couper de ce qu'il est vraiment, de se soustraire à son Vrai Soi, à l'environnement qui le blesse. Il risque de perdre ainsi contact avec son essence. On assiste alors à une rupture dans la continuité d'être. Dans ce cas, ne subsiste plus, dans le sentiment d'identité, que cette impression d'une cassure, d'une perte. Ce qui a été perdu échappe à la conscience et il peut se révéler difficile de le retrouver par la suite. Rappelons-nous Ariane et son fil. C'est quand survient une telle rupture que des tensions naissent et s'installent au sein de l'identité. L'individu manque de confiance en lui-même, ne parvient plus à évaluer adéquatement ses forces ou ses faiblesses. Il peut surestimer ses réussistes et minimiser ses échecs ou, inversement, sous-estimer ses capacités et centrer toute son attention sur les difficultés par lesquelles il se laisse abattre. C'est qu'en réalité, il est incomplet, voire privé d'une partie de lui-même.

L'IDENTITÉ SEXUELLE

Une des composantes de l'identité est reliée au fait de se sentir homme ou femme. L'identité sexuelle correspond à la capacité de rester identique à soi par rapport à la réalité de son sexe biologique. Autrement dit, une identité sexuelle reflétant le Soi véritable correspond au développement harmonieux de la masculinité chez l'homme et de la féminité chez la femme. Cela suppose que les composantes féminines chez l'homme et masculines chez la femme s'intègrent bien à l'identité sexuelle et ne sont pas ressenties comme des éléments étrangers, dérangeants ou conflictuels.

Par exemple, lorsqu'une femme a le sentiment de ne pas être une vraie femme à cause de certaines manifestations masculines de son comportement (comme Claude qui ressent sa détermination comme un élément mâle), il est possible que les composantes masculines de son identité s'intègrent mal. Si elles étaient mieux harmonisées, la femme ne sentirait pas son identité féminine remise en question par la présence en elle d'une attitude plus masculine, mais y verrait plutôt une force complémentaire à son identité propre. Il en va de même pour l'homme. Prenons l'exemple de la sensibilité. Certains hommes la sentent contraire à leur identité masculine et la perçoivent comme un dérangement, quand d'autres la vivent plutôt comme une richesse supplémentaire, qui ne remet nullement en question leur masculinité. Chez les premiers, la sensibilité s'intègre mal à l'identité sexuelle, alors qu'elle ne pose pas de problème chez les seconds.

On doit aussi distinguer l'identité sexuelle du *sentiment d'identité sexuelle*. Ce dernier correspond à la perception subjective de sa masculinité pour l'homme et de sa féminité pour la femme.

Lorsque les composantes du sexe opposé font problème au sein de l'identité, des tensions naissent. Andrée, Marjolaine, Claude et Mariane en sont l'illustration. Les malaises vécus par ces femmes témoignent, chacun à sa manière, d'une difficulté d'intégration des composantes masculines à leur identité féminine. Ces composantes peuvent prédominer et empêcher la féminité de s'épanouir (comme chez Claude et Mariane), ou encore réveiller la culpabilité si elles sont plus ou moins étouffées (comme chez Andrée et Marjolaine). Le roman de Jacqueline Harpman, *Orlanda*[10], fournit l'exemple d'une difficile intégration des composantes masculines à la féminité. Le personnage principal du roman est une femme qui a perdu une grande partie de son énergie vitale, de ses capacités de réalisation personnelle et de sa confiance en elle-même, tant dans sa vie amoureuse qu'intellectuelle, parce qu'elle a dû se couper de son côté masculin, réprimé par sa mère et non soutenu par un père peu présent. Cette fiction traduit de façon très «réaliste» ce qui se produit dans une telle situation.

Trois composantes de l'identité sexuelle

Le noyau d'identité de genre

Stoller[11], qui a beaucoup étudié le sentiment d'identité sexuelle, en distingue trois composantes. La première et la plus importante est la certitude d'être mâle ou femelle, ce que Stoller désigne par le *noyau d'identité de genre*. Il apparaît très tôt dans le développement de l'enfant (vers l'âge d'un an à un an et demi, selon Stoller) et consiste en la reconnaissance de la réalité de son sexe biologique.

L'identité de rôle

L'identité de rôle, toujours selon Stoller, est la deuxième composante de l'identité sexuelle. Elle se développe dès les premières années, par une série d'identifications aux parents (nous reviendrons

---

10. Harpman, Jacqueline, *Orlanda*, Paris, Grasset, prix Médicis 1996.
11. Stoller, Robert, *Recherches sur l'identité sexuelle,* ouvr. cité.

plus loin sur le phénomène de l'identification). L'enfant devient conscient des différences sexuelles entre l'âge d'un an et demi et deux ans, et cherche à les comprendre. À cause de son immaturité, il n'est pas en mesure de saisir les subtilités internes de la masculinité et de la féminité, ni les fonctions complémentaires des deux sexes dans la procréation. Il cherche donc à répondre à ses interrogations à partir de ce qu'il voit, c'est-à-dire des éléments visibles et concrets, tels que les comportements, les tâches, etc. C'est en s'identifiant à ceux-ci qu'il développe son identité de rôle. L'identité de rôle se rapporte donc à des manifestations comportementales, observables par autrui et reflète par conséquent largement les valeurs sociales. Ces comportements situent l'individu par rapport aux rôles sociaux généralement attribués aux personnes de son sexe.

En raison du matériau qui la façonne et de l'immaturité psychique de l'enfant au moment où elle se développe (l'enfant a besoin à cet âge de se raccrocher à des choses simples et durables), l'identité de rôle est une identité rigide, qui laisse peu de place aux imprécisions, aux modifications et aux interrogations. Être un homme, une femme, c'est faire ceci ou cela, se comporter de telle ou telle manière. Pour l'individu, les critères se cristallisent et deviennent résistants au changement.

Les dernières années ont vu cet aspect de l'identité sexuelle soumis à de nombreuses transformations avec la nouvelle répartition des tâches entre les femmes et les hommes. L'identité de rôle s'élaborant à partir d'indices observables, extérieurs à soi, elle contribuait autrefois à la stabilité de l'identité sexuelle: par exemple, être un homme, c'était être pourvoyeur, tandis qu'être une femme, c'était se charger de l'éducation des enfants et de l'entretien du foyer. Lorsqu'une identité se définit uniquement à partir des rôles, elle se caractérise par sa rigidité et se révèle donc fragile lorsque ses bases sont remises en question. Les paramètres sociaux ont changé et les bases de l'identité sexuelle ont été ébranlées; elle peut être menacée, surtout lorsqu'elle repose principalement sur les rôles. Les repères ont changé, l'individu doit davantage s'en référer à lui-même, *à ce qu'il est* et non *à ce qu'il fait,* pour définir son identité sexuelle. C'est pourquoi on assiste depuis quelques années à ce phénomène relativement récent: les hommes et les femmes se demandent de plus en plus s'ils sont de vrais hommes ou de vraies femmes.

Faute de repères stables, l'identité est souvent remise en question. Si l'identité sexuelle manque d'une assise solide, les changements survenus peuvent se révéler difficiles et inquiétants. Ils provoquent de l'angoisse, car l'individu ne parvient plus à les faire coïncider avec la définition stricte de son identité sexuelle.

L'identité sexuelle proprement dite

L'*identité sexuelle en soi*, troisième composante de l'identité, se rapporte aux sentiments *internes* de masculinité et de féminité. Elle nous rattache profondément à notre Vrai Soi... quand elle est en harmonie avec notre sexe biologique. Elle se développe progressivement autour du noyau d'identité de genre et s'enracine dans la résolution du complexe d'Œdipe. Pour un enfant, résoudre son complexe d'Œdipe veut dire s'identifier principalement au parent du même sexe et renoncer à l'amour exclusif du parent du sexe opposé. Après l'Œdipe, l'identité sexuelle proprement dite continue de se consolider et trouve son achèvement à la puberté, avec les transformations physiologiques et psychologiques de l'adolescence.

De nombreux facteurs contribuent au développement de l'identité sexuelle. Ils sont d'ordre constitutionnel, biologique, familial, social, etc. Le plus important demeure cependant la qualité de la rencontre avec les deux premiers représentants de chaque sexe, notre père et notre mère. Notre façon d'apprécier notre sexe et de nous situer par rapport à lui dépendra de leurs attitudes respectives et complémentaires à son égard. Si leur comportement inflige au Vrai Soi des blessures trop vives, un sentiment de rupture dans l'expérience de continuité de l'identité sexuelle peut se développer. À travers les histoires d'Andrée et de Diane, de Claude, Marjolaine et Mariane, on a déjà deviné l'importance de l'attitude du père envers la féminité de sa fille dans l'édification de son identité.

Une identité sexuelle qui s'est bien développée peut, et doit, demeurer indépendante des rôles définis socialement. En effet, lorsque son assise est ferme et qu'elle est en harmonie avec le Vrai Soi, être un homme ou une femme ne se réduit pas à se comporter d'une manière ou d'une autre. L'individu peut facilement adopter des rôles traditionnellement attribués à l'autre sexe sans sentir son identité menacée. Ainsi, un homme peut être sensible et pleurer tout en *se sentant* homme, et une femme peut s'affirmer, exprimer de l'agressivité, *sans pour autant avoir l'impression* d'être un «homme manqué». J'insiste sur les termes «se sentir» et «avoir l'impression de» pour souligner qu'il s'agit bien de la perception subjective de notre féminité ou de notre masculinité. Notre sentiment d'identité sexuelle tel qu'il est vécu profondément ne correspond pas nécessairement au développement des valeurs sociales, qui changent généralement plus vite que lui. Une femme peut, par exemple, clamer bien haut le droit des femmes à l'affirmation de soi, le défendre avec sincérité et se sentir mal à l'aise chaque fois qu'elle s'affirme, parce qu'au fond d'elle-même, plus ou moins consciemment, elle a le sentiment de ne pas être féminine lorsqu'elle le fait. Souvenez-vous d'Andrée et de son besoin constant de justifier son penchant pour le pouvoir.

Contrairement à l'identité de rôle, cette dernière étape du développement de l'identité sexuelle est la seule qui confère à l'ensemble de l'identité une certaine souplesse par rapport aux changements. Elle tolère l'imprécision et peut faire face à des questions non résolues. Grâce à elle, de nouvelles expériences peuvent être entreprises avec l'attrait de la découverte et la capacité de remettre en question les critères définissant l'identité. Prenons l'exemple de la paternité. Tant qu'il n'a pas connu la paternité, l'homme a une certaine définition de son identité sexuelle, de sa masculinité. Lorsqu'il devient père pour la première fois, c'est l'occasion d'un bouleversement au sein de son identité sexuelle (il en va de même pour la fille à sa première maternité). L'individu dont l'identité sexuelle est relativement bien assise et conforme à son Vrai Soi approche la paternité sans résistance, avec confiance et ouverture, prêt à vivre cette expérience nouvelle qui va forcément modifier sa perception de lui-même en tant qu'homme. Celui dont l'identité repose davantage sur l'identité de rôle aborde la paternité avec des idées préconçues (un père doit se comporter de telle ou telle façon), et il est plus fermé à la perspective de se laisser transformer par l'expérience nouvelle.

LE DÉVELOPPEMENT DE L'IDENTITÉ ET LA RELATION AVEC LES PARENTS

Le sentiment d'être un individu unique, distinct, entier et continu n'est pas donné à la naissance. Le Vrai Soi existe déjà, mais sous une forme embryonnaire. Il doit se développer, se «réaliser».

C'est dans la qualité de l'échange relationnel avec ses parents que l'enfant va trouver la reconnaissance de son être, où il ira chercher la force nécessaire pour rester fidèle à lui-même.

«Les yeux de nos parents sont le reflet de notre âme»

En paraphrasant l'expression populaire «Les yeux sont le reflet de l'âme», je serais encline à ajouter «les yeux de nos parents sont le reflet de notre âme», l'âme étant considérée ici comme l'image que nous allons développer de nous-mêmes. En effet, c'est en lisant dans leurs yeux ce qu'ils éprouvent à notre contact ou mieux, ce que nous croyons qu'ils éprouvent (l'enfant est un grand interprète de ce qu'il perçoit!), que nous formons peu à peu la perception de nous-mêmes. Nous allons nous aimer si nous nous sommes sentis aimés, nous sentir bons et intéressants si nous avons eu le sentiment que nos parents se souciaient de nous. À l'inverse, nous pouvons grandir avec le sentiment d'être lourds, de déranger ou d'être sans valeur si c'est ce que nous avons ressenti à leur côté.

L'enfant est un grand interprète de ce qu'il perçoit... En effet, ce qu'il croit lire dans les yeux de ses parents n'est pas toujours la réalité. S'il détecte souvent des sentiments réels, le sens qu'il leur donne est fréquemment dévié, voire tout à fait faux, incapable qu'il est de juger les réactions de cet adulte dont il dépend totalement. À cause de son immaturité, de sa fragilité et de son incapacité de veiller à sa survie, l'enfant est tout entier centré sur ses propres besoins. Il lui est donc impossible de comprendre les raisons du comportement et des réactions des adultes. Ce qu'il voit, il l'interprète forcément à travers le prisme déformant de ses sensations, qui sont en grande partie fonction de ses besoins et de la réponse qu'il y reçoit. Prenons, par exemple, un enfant que son père, souvent fatigué par son travail et harassé de pénibles maux de tête, apostrophe parfois brusquement pour lui demander de le laisser tranquille et de cesser de crier. Comment comprendra-t-il la fatigue de son père, dont il attend tout? Il conclut qu'il est un enfant agaçant et que son père ne l'aime pas.

Que se passe-t-il au moment de la rencontre entre les besoins de l'enfant et le regard de ses parents? Dès le début de la vie, et tout au long de son développement, émanent du Vrai Soi de l'enfant des gestes spontanés, qui sont l'expression plus ou moins claire de ses besoins et de ses potentialités. Simultanément, l'enfant demande à être aimé et reconnu par ses parents, ce qui l'incite à chercher à leur plaire en répondant à leurs attentes, véritables ou supposées. Il reste donc à l'affût de leurs réactions devant les manifestations naturelles de son Vrai Soi, et la réponse de ses parents détermine rapidement la valeur qu'il attribue à ces gestes spontanés. Si son Vrai Soi diffère trop des attentes de ses parents, il s'efforcera de l'étouffer et cherchera à s'ajuster à ce qu'il perçoit d'eux et de leurs désirs.

Ce renoncement à soi-même peut s'effectuer dans la révolte ou le conformisme, et à des degrés divers selon le cas. Tantôt, le Vrai Soi se cache tout simplement, tout en restant vigilant et en adoptant une foule de subterfuges pour apparaître et s'exprimer. Tantôt, il est partiellement ou totalement étouffé et laisse toute la place au Faux Soi. C'est alors que peut naître le sentiment de «s'être perdu quelque part...».

Les imagos paternelle et maternelle

En même temps qu'il élabore sa perception de lui-même, l'enfant développe une représentation de ses parents. Autrement dit, il se donne une définition de ce qu'est une mère, un père. Cette définition est toute personnelle et chargée d'émotivité, et non pas intellectuelle comme l'est celle du dictionnaire. Il la forme à partir de la nature des échanges qu'il a avec chacun de ses parents. Ainsi, pour un individu, le père sera une personne présente et disponible sur qui il peut toujours compter, qui le soutient et l'encourage. Pour un autre, il sera froid et distant. Pour un autre encore, l'image du père reflétera l'empreinte d'une autorité écrasante, inaccessible, inflexible et menaçante. Le même phénomène existe pour la mère.

C'est ce qui explique qu'au sein d'une même famille chaque enfant a sa propre représentation du père et de la mère, bien qu'ils aient tous les mêmes parents. Faites-en l'expérience avec vos frères et sœurs, vous verrez jusqu'à quel point les perceptions de chacun peuvent différer, même si elles coïncident sur certains points. C'est que chaque enfant a une relation particulière avec ses parents, cela pour plusieurs raisons. En premier lieu, le tempérament de chaque enfant interpelle le parent différemment (celui-là est vif et énergique, un autre lunatique et insouciant...). Son sexe également a une influence. (Est-il du sexe attendu ou non? Le père est-il plus à l'aise avec un garçon qu'avec une fille?) Le moment où survient sa naissance importe aussi. (Était-elle désirée, planifiée? Survient-elle alors que le père vient de perdre son emploi et se demande comment il pourvoira aux besoins de l'enfant?) Comment le parent vit sa paternité ou sa maternité va aussi influencer la qualité de sa relation avec l'enfant (est-elle bien intégrée à son identité sexuelle, par exemple?), de même que ses attentes par rapport à cet enfant en particulier (le voir réussir là où il n'a pu le faire, assurer la relève du patrimoine familial, etc.).

Afin de bien les distinguer des parents réels, il existe un terme pour désigner ces définitions très personnelles du père et de la mère que se fait l'enfant, car elles peuvent en différer considérablement. On les appelle des *imagos* (certains auteurs vont employer les termes d'*animus* pour le père et d'*anima* pour la mère). Les imagos ne sont qu'en partie conscientes. Une grande part de la charge affective qui les supporte a été reléguée dans les profondeurs de l'oubli. Toutefois, ce qui est oublié n'en est pas moins agissant, et il influence notre manière de vivre avec soi-même et avec les autres.

Ces imagos habitent notre scène intérieure et jouent constamment une sorte de pièce de théâtre dans laquelle notre Vrai Soi est également acteur. Chacun de ces personnages a ses désirs, ses exigences. Les deux imagos, maternelle et paternelle, sont en relation entre elles à l'intérieur de nous et en relation avec notre Vrai Soi. Tous ces protagonistes entretiennent des dialogues constants. C'est pourquoi on reproduit inéluctablement à l'intérieur de soi des situations conflictuelles vécues durant l'enfance qui mettent en scène les parents. Vous avez peut-être déjà fait l'expérience de sentir deux tendances qui se battent, s'affrontent en vous et qui vous semblent irréconciliables. Pensez à Claude et à sa définition de la féminité: être femme, est-ce être dépendante et soumise (imago maternelle) ou autonome et indépendante, mais masculine (imago paternelle)?

L'identification: soutien ou ennemie du Vrai Soi?

Un des principaux moyens dont dispose l'enfant pour se développer est l'identification. Qu'entend-on par ce terme fréquemment utilisé mais souvent fort mal compris?

Disons d'abord que l'enfant n'est pas passif dans son développement. Il a son tempérament propre, qui lui confère certaines caractéristiques (il est actif ou pas, plus ou moins tolérant à la frustration, plus visuel qu'auditif, etc.). Il a aussi un grand besoin d'être aimé et reconnu par ces adultes dont il dépend. Il va donc, en fonction de son tempérament, chercher activement à se situer par rapport à ce qu'il croit comprendre de leurs désirs à son endroit. Pour ce faire, il choisit inconsciemment parmi l'éventail des traits, caractéristiques, comportements, qualités et défauts, valeurs, idées, etc., qu'il observe chez ses père et mère, ceux auxquels il va s'identifier. Ainsi, croit-il, s'il devient comme eux, ils vont l'aimer, ou tout au moins le reconnaître comme leur.

L'identification, un processus qui se fait à notre insu

S'identifier, en quoi cela consiste-t-il? Dissipons d'abord un malentendu très courant. L'enfant qui imite papa lorsqu'il scie une planche ou brasse la soupe est peut-être en voie de s'identifier à ce comportement, mais cela n'est pas certain. L'imitation est un comportement conscient et n'est qu'un outil à la disposition du processus d'identification. Ce dernier est beaucoup plus complexe et échappe en grande partie à la volonté consciente. Songez à cette phrase que vous avez souvent dite et entendue: «Je ne voulais pourtant pas ressembler à ma mère (ou à mon père), et voilà que je suis comme elle (ou lui)...» Si l'identification se faisait par seule imitation consciente, cela n'arriverait jamais!

L'identification peut être globale ou partielle

L'enfant qui s'identifie ignore donc qu'il le fait. Il s'identifie à sa mère, à son père, peut-être aussi à ses frères et sœurs aînés. Plus tard, à l'adolescence, il peut s'identifier à un oncle, une tante, une voisine, un professeur, ou à toute autre personne qui représente quelque chose pour lui. L'ensemble de ces identifications contribue peu à peu à l'édification de sa personnalité. Précisons toutefois que l'identification ne se fait pas avec des personnes réelles, mais bien avec ce que l'enfant (ou l'adolescent) en perçoit subjectivement, c'est-à-dire les imagos.

Les identifications peuvent être globales (je m'identifie à la personne dans sa totalité, sans nuance: «Je suis l'autre»), ou partielles (je m'identifie à tel trait de caractère, telle façon de penser, telle valeur, etc.; fondamentalement, je reste moi-même, mais je fais mienne cette caractéristique). Plus l'enfant est jeune, plus les identifications sont globales et marquantes, et donc en lutte avec le Vrai Soi. Plus il vieillit, plus elles deviennent sélectives et partielles, et mieux elles peuvent cohabiter avec le Vrai Soi.

En s'inspirant de Laplanche et Pontalis[12], on pourrait dire que l'identification est un processus inconscient qui introduit l'objet d'amour, en tout ou en partie, à l'intérieur de soi. Le résultat de ce processus amène un changement permanent à notre personnalité. Ce qui était un trait de l'autre nous appartient dorénavant et contribue à nous caractériser.

L'identification est la «digestion» des relations que l'enfant entretient avec ses parents

Pour croître, notre corps a besoin d'un apport en protéines et en vitamines de toutes sortes, qui lui sont fournies par une nourriture saine et équilibrée. Notre psychisme aussi nécessite un apport en nourriture saine pour se développer. L'aliment dont il a besoin se trouve dans l'échange relationnel qu'il entretient avec les parents d'abord et avec l'entourage plus élargi ensuite. Ce qui contribue à la qualité de ces «aliments», c'est le climat d'amour, de reconnaissance et de respect qui prévaut dans ces échanges.

Notre corps, pour grandir et s'épanouir, doit digérer les aliments. Il en va de même pour la constitution de notre personnalité. L'identification assure d'une certaine façon la digestion psychique. Sa fonction est de structurer et de construire notre personnalité. Son but est de contribuer à la quête progressive de l'autonomie et de l'indépendance par rapport aux parents. Au début, l'enfant est totalement dépendant de ses parents, tant pour sa survie physique que psychique. Il a autant besoin, sinon davantage, de leur amour que de leur soutien matériel. Lorsqu'il s'identifie à ses parents, il les introduit en lui et devient en quelque sorte semblable à eux. Progressivement, il apprend à s'en détacher: il peut maintenant s'aimer comme ils l'ont aimé, prendre soin de lui comme ils le faisaient, et ainsi de suite.

Poursuivons notre analogie avec la digestion des aliments. Deux conditions sont nécessaires à son bon déroulement. Il faut d'abord que la nourriture soit de qualité et riche en substances nutritives dont notre corps a besoin. Il faut aussi que la personne qui mange soit détendue et se sente bien. En effet, si on est préoccupé, anxieux ou encore en colère au moment d'un repas, la digestion risque d'en être

---

12. Laplanche, J. et J. B. Pontalis, *Vocabulaire de la psychanalyse,* Paris, PUF, 1973.

affectée. Quand ces deux exigences sont remplies, la digestion s'opère bien: nos cellules transforment un matériau qui leur est étranger (les aliments) en un matériau qui leur est semblable: les aliments venus de l'extérieur et différents de nous perdent leurs caractéristiques propres pour s'associer et s'harmoniser avec nos cellules, c'est-à-dire devenir du sang, des muscles, etc. Ainsi, lentement, graduellement, ils contribuent à régénérer les tissus et à nous construire. Si l'une ou l'autre des conditions fait défaut, la digestion s'effectue plus difficilement; il arrive qu'un repas nous «reste sur l'estomac», comme on dit.

Le processus d'identification est similaire sur le plan psychique. Lorsque l'enfant s'identifie à un aspect du parent, c'est un peu comme s'il «mangeait» une partie de son objet d'amour. Pour que le processus de digestion s'opère bien, ici encore les «aliments» (c'est-à-dire l'échange relationnel avec les parents) doivent être sains (dominés par l'amour) et l'enfant bien disposé (pas de manque important, ni trop de colère ni trop d'anxiété: ici intervient son tempérament). En s'identifiant, l'enfant fait passer à l'intérieur de lui le climat relationnel qui régnait entre lui et ses objets d'amour. Une fois l'identification complétée, le trait qui appartenait au parent perd ses caractéristiques propres et est assimilé à la personnalité de l'enfant. Il le ressent dorénavant comme sien et non plus comme appartenant à l'autre. Si une des conditions est mal remplie, l'identification peut se faire de façon problématique et le trait intériorisé peut «rester sur le cœur»: il est ressenti comme étranger, dérangeant ou conflictuel.

Les liens entre l'identification et l'identité

Sur le plan physique, lorsque le processus de digestion se déroule normalement, nous demeurons peu sensibles à ce qui se passe à l'intérieur de notre corps. La digestion se fait pour ainsi dire à notre insu. Si par contre elle est contrariée pour une raison ou une autre, nous devenons plus conscients du processus. Les aliments ingérés pèsent comme un poids, laissant une sensation désagréable. L'assimilation tarde à se faire et la nourriture, au lieu de se mêler peu à peu à nos tissus, demeure un corps étranger dont nous sentons la présence. Il peut même arriver, dans les cas les plus difficiles, que nous la rejetions.

Comme la digestion des aliments, l'identification a besoin pour bien s'accomplir d'un climat favorable. Alors seulement peut-elle

être vécue en conformité avec le Vrai Soi, intégrée harmonieusement à la personnalité, et ainsi contribuer à fortifier l'enfant et à
lui donner le sentiment de s'épanouir. Ce climat favorable suppose
qu'entre l'enfant et son parent l'amour, la reconnaissance et le respect de son individualité priment sur la colère, l'agressivité, la
haine ou l'indifférence. Certes, il ne peut manquer d'y avoir des
moments de colère, d'impatience ou d'indifférence entre parents et
enfants, et cela est tout à fait normal. Mais je veux dire ici un climat *général* de respect et d'amour régnant dans les échanges fami-
liaux, qui rend les moments de colère eux-mêmes formateurs. Dans
ce cas, lorsqu'il assimile la caractéristique de l'objet auquel il
s'identifie, l'enfant intériorise en même temps la qualité du lien qui
le relie à cet objet. Cette caractéristique lui semble alors bénéfique
et s'intègre bien à son Vrai Soi. Entouré d'amour et de reconnaissance, le Vrai Soi se sent reconnu, valable, et se donne le droit
d'exister. Cela contribue à renforcer le sentiment d'identité.

Dans les cas où la colère, le rejet, la non-reconnaissance ou
l'indifférence dominent les relations (c'est-à-dire où le climat habi-
tuel des relations en est imprégné), la caractéristique intériorisée à
travers le processus d'identification risque de «rester sur le cœur» de
l'identité, puisque c'est un enfant en colère qui absorbe les «aliments». Ce qui est intériorisé, au lieu de bien s'assimiler à la personnalité, est ressenti comme un corps étranger. Il peut paraître à
l'individu mauvais ou dangereux (à cause du climat de colère qui
entoure son intégration), ou encore défendu (vu qu'il ne parvient
pas à l'assimiler vraiment, cette caractéristique à l'intérieur de lui
ne lui appartient pas vraiment). C'est ce qui se produit dans le fantasme d'imposture: l'individu a le sentiment d'avoir volé ce qui le
caractérise et craint constamment d'être démasqué.

L'importance de la présence réelle des parents

Voilà ce qui se passe lorsque le climat est dominé par l'amour
et, à l'inverse, lorsque règne l'agressivité. L'une ou l'autre situation
se déroule à l'intérieur d'une relation, donc en présence des deux
parents. Que se passe-t-il lorsqu'un des parents est absent?

Pour que l'assimilation se fasse progressivement, il est nécessaire qu'elle ait lieu au sein d'une relation. Dans le cas d'une
absence ou d'une perte soudaine, à cause d'un décès ou d'un départ,
le processus est brutalement interrompu. Mais l'enfant a besoin de

cet apport qui lui fait maintenant défaut, et il va tenter à tout prix de l'obtenir malgré tout. Que se passe-t-il alors?

Prenons l'exemple d'un père absent, décédé ou ayant déserté le foyer familial sans laisser d'adresse. Dans un tel cas, même s'il n'est plus là concrètement, ce père n'a pas tout à fait disparu en réalité, puisqu'il demeure présent dans l'esprit de la mère restée seule. L'enfant sera sensible à cette image que sa mère va lui transmettre de son père. Privée d'un échange quotidien avec le père réel, l'imago paternelle se formera non pas à partir de la réalité du père, mais à partir de ce que l'enfant percevra de la place faite au père disparu par la mère. La représentation qu'il élaborera de son père portera les caractéristiques que la mère aura fait sentir à l'enfant. En même temps, si l'enfant a connu son père, il garde un souvenir idéalisé, que le besoin et la privation embellissent. L'imago portera aussi la marque de cette idéalisation qui, ne pouvant recevoir ni confirmation ni infirmation par un contact réel et concret, restera floue et informelle, un peu comme un fantôme. C'est à cette imago fort éloignée de la réalité que l'enfant s'identifie alors. Une identification à un fantôme, qui, de plus, est idéalisé, ne peut jamais être vraiment assimilée par la personnalité. Elle reste alors comme un corps étranger au sein de l'individu.

Pour la structuration de la personnalité et la formation de l'identité, une relation avec les deux parents est indispensable. Les deux principes, masculin et féminin, règnent partout, tant dans notre organisation sociale que dans notre psychisme, et l'enfant a besoin de se situer par rapport à tous les deux. Ils sont nécessaires et complémentaires et en l'absence de l'un d'eux le processus de développement subira fatalement un manque. L'absence peut survenir brusquement, être réelle et concrète (comme le père décédé ou qui a fui en coupant tout contact avec son enfant). La perte du parent interrompt alors brutalement le processus de «digestion», la perte déclenche de la colère et du désarroi; elle est ressentie comme une punition et l'identification comme une interdiction. Mais l'absence peut aussi être qualitative, comme pour les pères d'Andrée ou de Mariane qui, même s'ils sont physiquement présents, ne semblent pas s'intéresser à leur enfant, ne se mêlent aucunement de leur éducation et se dérobent devant la relation. Dans un cas comme dans l'autre, absence réelle ou qualitative, l'identification est indispensable et inévitable. Elle s'opère, en dépit de tout, par un

processus perturbé dès l'origine. On assiste à une sorte de phénomène compensatoire: en l'absence du parent, l'enfant cherche à
devenir ce qu'il ne peut avoir, c'est-à-dire à devenir le parent manquant, par identification globale. Mariane en fournit l'exemple. Au
lieu de contribuer à renforcer l'identité du sujet, le processus vient
introduire à l'intérieur de l'individu une identification à l'identité
du parent déficient (Mariane s'est identifiée à son père absent). Une
telle identification est nécessairement ressentie comme s'il s'agissait
d'un corps étranger.

Lorsque le processus identificatoire est perturbé, par l'absence
ou par la défaillance du parent, il ne peut atteindre sa finalité, soit
l'autonomie et l'indépendance de l'individu. L'identification qui
ne parvient pas à s'assimiler à la personnalité et que l'individu
porte comme un corps étranger rappelle constamment le manque.
Il conserve entier le besoin de s'identifier à un objet réel, présent,
qui saurait répondre aux besoins d'amour et de reconnaissance du
Vrai Soi. C'est cette attente demeurée intacte qui pousse l'adulte à
rechercher sans cesse dans ses relations présentes un objet qui
viendra enfin combler le vide laissé par une absence. C'est ce
besoin encore qui est à l'origine des relations de dépendance et
des demandes irréalistes qui se manifestent dans les relations con-
temporaines, par exemple dans les relations amoureuses. Ces
demandes, qui avaient leur raison d'être lorsque l'individu était
enfant, ne sont plus appropriées à l'âge adulte et personne ne peut
les satisfaire. Souvenons-nous d'Andrée qui espère toujours, sans
réellement comprendre ce qu'elle attend, quelqu'un qui la fera
émerger de la masse et la reconnaîtra. Ces réalités sont souvent à
l'origine des interminables guerres entre hommes et femmes
comme celles auxquelles Guy Corneau s'intéresse dans son livre
intitulé *L'amour en guerre*[13].

La continuité de l'«être»

On pourrait dire qu'une identité harmonieuse, qu'on ressent par
le sentiment de continuité d'«être», est le fruit d'un accord entre
notre Vrai Soi et les identifications qui ont contribué à structurer
notre personnalité.

---

13. Corneau, Guy, *L'amour en guerre*, ouvr. cité, 1996.

À l'inverse, les difficultés, tensions ou ruptures au sein de l'identité résultent d'une opposition entre ces éléments. Selon son importance, cette division perturbe le sentiment d'identité de diverses façons, distribuées selon un continuum. À une de ses extrémités, on trouve une identité fermement établie, manifestée par une confiance en soi et une évaluation réaliste de ses forces et de ses faiblesses. La personne se sent en pleine possession de ses moyens, a l'impression de se connaître relativement bien (dans la mesure où il est possible de bien se connaître) et de vivre en conformité avec ce qu'elle est vraiment. Chez elle, les identifications sont bien assimilées et sont ressenties en accord avec le Vrai Soi.

À l'autre extrémité, la personne éprouve le sentiment d'une perte, d'une coupure avec son être véritable. Elle peut se sentir fausse, irréelle, et être envahie par des doutes ou des angoisses qui affectent gravement non seulement son estime d'elle-même, mais aussi son identité. Souvent elle ignore ce qu'elle aime, ce qu'elle désire: elle ne se connaît pas. Une telle rupture dans le sentiment d'identité résulte de blessures importantes au sein du Vrai Soi, qui a dû se réduire considérablement. Ici, les identifications ont complètement aliéné le Vrai Soi, l'ont étouffé et en ont usurpé la place.

Entre ces deux confins, on trouve des individus habités par des tensions, des doutes, des interrogations, des sentiments d'insécurité et de perte d'une partie de soi. Dans leurs cas, certaines identifications se sont bien assimilées au Soi véritable, alors que d'autres, même si elles sont acceptées par la personne, sont ressenties comme dérangeantes et conflictuelles.

Chapitre IV

Père, où es-tu?

Le rôle du père dans le développement de l'identité de la fille

> *Les enfants de l'Homme et de la Femme se doivent*
> *de rester vigilants. Il leur est nécessaire, pour vivre*
> *pleinement leurs potentialités humaines, d'intégrer*
> *leurs deux parents dans leur vie psychique. Leurs*
> *capacités d'aimer, de créer, de penser, en dépen-*
> *dent.*
>
> Janine Chasseguet-Smirgel,
> *Les deux arbres du jardin*

Les exemples de la première partie et les notions générales sur l'identité vues au chapitre précédent nous permettent maintenant de nous pencher de plus près sur le rôle du père dans le développement de l'identité de la fille. Plusieurs questions vous trottent sans doute dans la tête, et peut-être avez-vous même déjà formulé certaines hypothèses de réponses. Si tel est le cas, vous voilà dans les meilleures dispositions pour bien assimiler ce qui suit. Un peu à la façon d'un père, j'ai tenté de susciter en vous ce désir de comprendre qui nous rend actifs dans le processus d'apprentissage. Au lieu d'aborder passivement la matière, vous vous êtes engagé dans une recherche dynamique, qui vous a invité à la réflexion. Cette disponibilité d'esprit favorise l'intégration des connaissances. À votre insu, je vous ai fait expérimenter à quoi peut ressembler la tâche d'un père!

ENTRE LE PÈRE ET LA MÈRE, UNE FILLE SE CONSTRUIT

Il est difficile d'aborder la question spécifique du père sans constater d'abord une évidence: le père n'est pas seul à exercer une influence sur sa fille. Bien sûr, elle a aussi une mère, avec laquelle le père est en relation. «Toujours la mère!» me direz-vous. Il en a été si souvent question, est-il indispensable d'y revenir? Il est vrai que son rôle a beaucoup été commenté, contrairement à celui du père, longtemps négligé. Mais les influences de l'un et de l'autre ne peuvent se concevoir isolément. Elles sont toutes les deux en interaction et l'attitude commune des parents vis-à-vis de leur fille est évidemment influencée par la nature de leur relation. Comme le dit si bien Christiane Olivier,

> ... le père et la mère sont les deux rails sur lesquels avance l'enfant. Un rail ne peut remplacer l'autre, mais à eux deux, ils assurent la direction du train[14].

Dans l'édification de la personnalité et l'éveil du Vrai Soi de la fille, père et mère jouent tous les deux des rôles différents et complémentaires, qui portent les marques de leur différence et de la qualité de leur relation.

Père et mère dans leur différence
Les deux parents «portent» l'enfant, c'est-à-dire qu'ils doivent favoriser tous les deux le développement de cette vie qu'ils ont conçue ensemble. Chacun le fait à sa manière, en fonction des caractéristiques de son sexe. D'une façon générale, on pourrait dire que

---

14. Olivier, Christiane, *Les fils d'Oreste ou la question du père*, Paris, Flammarion, 1994, p. 102.

la mère porte l'enfant «en elle», un peu sur le modèle de la grossesse (le langage populaire ne s'y trompe pas: «elle porte un enfant...»). Son attitude est toute de prévenance, elle pense à la place de l'enfant, le devine, tente d'aller au-devant de ses besoins. Dans la symbolique imaginaire inconsciente, elle est souvent figurée par la maison, accueillante, chaleureuse, enveloppante. La mère représente une sorte de havre de repos, de sécurité, d'accueil, où l'enfant est assuré de trouver amour et protection.

De son côté le père, avec sa façon différente d'établir les relations, porte l'enfant au-dehors, dans l'extériorité. Il lui montre le monde et le conduit dans l'univers extra-maternel en l'aidant à y faire sa place. Tout en l'assurant de sa protection, il l'encourage à prendre des initiatives, le guide et le conseille. Il lui apprend à se débrouiller dans la société, hors du monde maternel. Symboliquement, il est souvent représenté par le soleil qui réchauffe, éclaire et guide, ou encore par l'arbre qui surplombe et protège. La fille (comme le fils) perçoit bien cette différence entre le père et la mère, même dans des gestes parfois semblables. Parce qu'il est différent, le père joue un rôle crucial dans le développement de l'identité de la fille, dans la construction de *sa* différence.

Ces manières différentes de porter l'enfant tiennent à la masculinité du père et à la féminité de la mère, et la façon dont ils les vivent reflète davantage leur identité sexuelle et n'a que peu de rapport avec les rôles sociaux joués par chacun. Ici, les significations inconscientes du masculin et du féminin dans ce qu'elles ont de plus fondamental priment sur les comportements extérieurs. L'enfant lui-même, parce qu'il a été porté physiquement à l'intérieur de sa mère, la recherche comme support enveloppant, alors que le père, parce qu'il est d'emblée extérieur, est recherché pour son appui par rapport à l'extérieur.

La fille entretient une relation avec l'un et l'autre parent et doit apprendre à se définir par rapport à chacun d'eux. Dans ses rapports avec eux, elle apprend à accepter la différence entre les sexes, reconnaît son appartenance au sexe féminin et se situe en tant qu'être sexué par rapport à chacun d'eux. L'enfant n'accepte pas immédiatement cette différence, car elle oblige à un renoncement. Il n'y parvient qu'une fois son identité bien établie (c'est-à-dire, pour la fille, une fois qu'elle est convaincue de la valeur de son sexe), et à la condition d'y trouver de l'intérêt et du plaisir. Pour cela, les deux parents sont nécessaires. La fille est dans un rapport de ressemblance avec sa mère et de différence avec son père, un rapport où dominent l'identification avec sa mère et le désir amoureux pour son père. Chacun à sa façon contribue à lui apprendre à être femme, à construire son identité sexuelle. La mère se pose surtout comme modèle, le père surtout comme attrait de la différence. Je dis «surtout» parce que, comme nous le verrons, la fille effectue aussi certaines identifications à son père dans la formation de son identité.

Père et mère en tant que couple parental

La fille a aussi une relation avec le couple que forment ses parents. Bien qu'elle soit aimée par les deux, il est un lieu d'où elle est exclue, soit la relation privilégiée qui unit ses père et mère, relation d'adulte qui l'oblige à accepter une autre différence, celle qui existe entre les générations. L'acceptation de cette différence dépend de la qualité de la relation qui unit le couple parental. Ce dernier, *en tant que couple,* exerce une influence importante dans la constitution de l'identité. La relation entre les deux parents est l'expression du désir qu'ils ont l'un pour l'autre, désir qui leur fait rechercher des moments d'isolement à l'exclusion de l'enfant. Cette triangulation des relations est nécessaire et indispensable à l'éclosion de l'être véritable, au développement du sentiment d'être unique et distinct. La fille en a besoin pour se situer non seulement par rapport à ces deux adultes sexués, mais par rapport à la différence de génération qui la sépare d'eux.

Sur la base de ces trois genres de relation (relation avec la mère, relation avec le père, et relation avec le couple parental), les identifications à l'un et à l'autre parent vont introduire dans le théâtre intérieur de la fille les imagos paternelle et maternelle, de même que la qualité des relations parentales. Si un désir réciproque unit les parents, les identifications au père et à la mère peuvent coexister plus facilement de façon harmonieuse sur la scène interne, puisque la fille intériorise des imagos non conflictuelles. L'acceptation de la différence des générations est alors simplifiée et la résolution du complexe d'Œdipe (qui consiste pour la fille à renoncer à l'amour exclusif du père pour se chercher un partenaire en dehors du cercle familial) en est d'autant plus facilitée, tout comme l'accès à son identité sexuelle féminine.

Inversement, si la relation parentale est conflictuelle, le climat qui l'enveloppe s'intériorise en provoquant des tensions au sein de l'identité, les identifications au père et à la mère pouvant alors s'opposer, entrer en conflit ou s'exclure l'une l'autre. Si on reprend la comparaison avec le chemin de fer, il est nécessaire à la bonne marche du train que les deux rails soient bien parallèles, toute divergence risquant de causer des effets plus ou moins graves sur la progression du convoi.

Dans les cas d'antagonisme conjugal extrême où la fille devient l'enjeu des disputes entre les adultes, les difficultés sont amplifiées. Elle est alors coincée par des conflits de loyauté impossibles à résoudre et l'intériorisation de la discorde parentale amène au sein de sa personnalité des distorsions également ardues à dénouer. C'est à ce niveau interne que l'impact est le plus néfaste, car si la fille peut à la limite éviter d'être déchirée entre ses parents réels (en s'opposant ou en fuyant, par exemple), il lui est en revanche impossible de fuir les parents intériorisés en conflit. De plus, la mésentente entre les parents complexifie la résolution de l'Œdipe. La fille conserve à ce moment longtemps l'espoir de supplanter la mère auprès du père et ne parvient pas à accepter la différence des générations. Toute son énergie est accaparée par ce rêve œdipien et il lui en reste bien peu pour élaborer un projet de vie personnel nécessaire à l'achèvement de son identité et de son identité sexuelle.

«L'APPORT NUTRITIF» PATERNEL À L'IDENTITÉ DE LA FILLE

Par sa différence avec la mère, le père contribue grandement à la construction de l'identité de la fille. Pour l'essentiel, son rôle ne diffère pas tellement de celui qu'il joue auprès du garçon, et c'est plutôt son attitude en ce qui concerne sa tâche qui doit varier. En effet, la quête de l'identité de la fille, ou la construction de sa différence, nécessite qu'elle prenne appui, elle aussi, sur le père. (Il ne faut pas confondre ici «identité» et «identité sexuelle».) L'identification à certains aspects du père est importante pour acquérir une solidité interne et ne fait pas nécessairement de la fille un garçon. Tout dépend de la façon dont la fille va incorporer ces aspects à son identité féminine. L'attitude du père devant le besoin de sa fille de s'identifier à lui, et envers la femme en général, vont exercer une influence prépondérante sur l'intégration de ces identifications au sein de l'identité féminine.

Le père est le squelette de l'identité

Vous souvenez-vous de Mariane? Lorsqu'elle était petite fille, elle n'a pas réussi, malgré ses efforts, à susciter l'intérêt de son père, à se faire reconnaître par lui. Adulte, elle subit les séquelles d'une identité déficiente: manque de confiance en elle, difficulté à s'affirmer, échecs amoureux répétés, autant de problèmes qui l'ont menée en thérapie.

Très vite, elle a pris conscience que ces problèmes en cachaient d'autres qui n'avaient pas vraiment retenu son attention jusque-là. Elle accepte mal la réalité et se résigne difficilement à l'imperfection de ses relations, qui n'apportent que des réponses partielles à ses besoins. Elle a découvert également qu'elle se connaît très mal, et discerne avec peine ses goûts et intérêts, ses forces et ses faiblesses. Elle doute constamment de ce qu'elle ressent. Une personne n'a qu'à lui dire «Tu es comme ceci ou comme cela...» pour qu'elle accepte cette opinion même si elle sent qu'elle est fausse. Ce doute constitue pour Mariane un inconvénient sérieux, entre autres dans ses relations amoureuses. Elle a tendance à se lier à des hommes en apparence très sûrs d'eux, qui reportent sur elle leurs propres difficultés. Il leur suffit d'un commentaire pour qu'elle les croie, même s'il ne s'agit que de projection. Elle a tellement manqué du regard paternel qu'elle prête instantanément foi à l'homme qui s'intéresse à elle sans égard à sa probité. Pour elle, une parole d'homme équivaut à une parole de vérité. On a souvent abusé d'elle pour cette raison. Mariane manque de substance, de colonne vertébrale; le moindre souffle peut la faire changer de direction.

Après quelques mois de thérapie, elle fait le rêve suivant: elle est très malade, incapable de se tenir debout. Plusieurs personnes tentent de lui porter secours, mais elle leur dit: «Allez chercher monsieur Untel (son thérapeute), lui seul peut m'aider parce qu'il est en train de me fabriquer un squelette.» Ce rêve évoque bien le rôle structurant joué par le père dans le développement de l'identité. Mariane entrevoit que sa relation thérapeutique répare un manque important dans sa relation avec son père: la structure.

L'apport paternel contribue au développement d'un sentiment de solidité interne et de confiance en soi qui favorise le pouvoir de décision, l'assurance nécessaire pour s'affirmer et le sain usage de l'agressivité. Pour décrire ce sentiment, on parle souvent de squelette, de structure, de colonne vertébrale, ou encore de noyau. Guy Corneau le définit comme le sentiment d'être soutenu de l'intérieur[15].

La mère aussi contribue au développement de la confiance en soi, mais à une autre échelle. À son contact, l'enfant acquiert l'assurance d'être digne d'amour et désiré. Le père, lui, contribue à l'édification du sentiment de confiance en soi. À sa manière, il aide l'enfant (garçon ou fille) à développer en lui les outils nécessaires pour assurer sa propre survie. On peut faire la comparaison suivante. L'amour et le soutien maternels assurent l'enfant que s'il a faim il y aura toujours quelqu'un pour le nourrir. Le support paternel consiste plutôt à fournir à l'enfant les instruments et les connaissances nécessaires pour, par exemple, cultiver les légumes qui vont lui assurer sa survie. Grâce au père, l'enfant développe sa confiance en ses capacités personnelles de faire face aux difficultés de la vie. S'il rencontre de grandes épreuves, il saura qu'il peut compter sur quelqu'un pour le soutenir, soit en lui donnant un coup de main, soit en l'aidant à ne pas se laisser abattre par une défaite.

Les deux apports parentaux sont indispensables à l'établissement du sentiment de confiance en soi, et aucun d'eux ne peut remplacer l'autre. Pour que la petite fille puisse cultiver en elle, par le soutien paternel, les moyens de se prendre en main, il lui faut d'abord posséder une base de confiance qu'elle établit dans sa relation avec la mère. Forte de cette sécurité, elle peut suivre le père dans la dure conquête de la réalité, qui comporte ses moments de frustration et de manque exigeant des efforts personnels.

Ces outils et ces connaissances, comment la fille les obtient-elle du père? Pour le comprendre, reportons-nous à l'exemple de Luce, cette jeune femme pourtant intelligente qui ne se décide pas à quitter le nid familial, craignant d'être insuffisamment outillée pour réussir toute seule. Luce est pourtant sûre de l'amour de sa mère et de son père. Elle n'a que de bons souvenirs de son enfance. Elle n'a

---

15. Corneau, Guy, *Père manquant, fils manqué*, ouvr. cité, p. 39.

jamais manqué de rien et sa relation avec chacun de ses parents la satisfait pleinement. On peut dire qu'elle possède cette confiance fondamentale fournie par le lien à la mère.

Comment se fait-il que Luce doute d'elle-même à ce point? D'où lui vient cette colère, cette irritation qu'elle éprouve envers eux, envers son père surtout? Cette colère inexplicable à ses yeux et qui la fait se sentir coupable? Ses parents sont si bons! Son père surtout, sur qui elle peut toujours compter. Mais voyez, justement, comment se comporte ce père devant les besoins de sa fille. Elle n'a qu'à exprimer une demande, ou plutôt à revendiquer quelque chose comme s'il s'agissait d'un besoin pour qu'il y accède aussitôt. Il ne l'incite pas à l'effort, ne la dirige pas vers une recherche personnelle de solution à ses problèmes. Il la dépanne. Il se comporte avec elle comme une mère: elle a faim, il la nourrit. Aussi lui est-il très difficile de passer du rêve infantile, où tout est simple, à la réalité des adultes faite d'obstacles et de luttes. Le sentiment que tout lui est dû se prolonge sans qu'elle apprenne à faire les efforts nécessaires pour obtenir ce qu'elle désire. Pire, elle grandit avec le sentiment d'être trop mal outillée pour réaliser quoi que ce soit. Aux yeux de Luce, seul son père a ce qu'il faut pour réussir.

Dans cet exemple, le père lui-même manque probablement d'une structure interne solide. Il hésite à désappointer sa fille, supporte mal de la voir en position précaire et craint probablement la colère de son enfant. Devant les reproches qu'elle lui adresse («Votre génération a tout eu!»), il réagit en lui donnant raison et se sent coupable de sa réussite. Comme s'il ne l'avait pas méritée! Comme s'il n'avait pas lui-même fait beaucoup d'efforts et de sacrifices pour parvenir au succès!

L'apprentissage de la réalité ne se fait pas sans peines et sans frustrations. Pour développer la confiance en ses propres réalisations, il faut avoir l'occasion de résoudre soi-même des problèmes. Cela est vrai tant pour la fille que pour le garçon. Le père, parce qu'il représente l'extérieur, aide l'enfant à affronter les épreuves, les frustrations, progressivement, au rythme de l'enfant, tout en l'assurant de son soutien constant. Devant les difficultés inhérentes à la vie, il est là pour guider l'enfant, le conseiller et l'encourager, et non pas pour aplanir les obstacles. Le père, c'est «une main de fer dans un gant de velours».

Ce rôle, il l'exerce dès le début de la vie, en prenant bien soin de proportionner ses demandes aux capacités de l'enfant. Si Luce traverse si mal l'âge adulte, c'est qu'elle n'a pas appris, petit à petit, à développer ses facultés durant toute son enfance, à la mesure de ses moyens. Ses parents, et particulièrement son père, ont toujours pavé la voie et elle n'a eu aucun effort à faire.

Le très beau film intitulé *Le maître de musique* illustre bien cet aspect du rôle du père, qui en est un de confrontation avec soi et de soutien. Le maître, tel un père, croit au talent de ses deux élèves. Il sait se montrer exigeant et les pousser jusqu'à leurs limites, sans concession, tout en leur faisant sentir sa confiance en eux et en leur capacité. Il ne craint pas leurs réactions agressives, car il sait qu'elles recèlent l'énergie nécessaire à l'affirmation de la réussite. Quand ses élèves sont prêts à voler de leurs propres ailes, le maître sait aussi se retirer...

Le père, par sa parole de réalité, inscrit l'enfant dans le social

Cette dimension de la fonction paternelle est tributaire de la précédente et lui est obligatoirement liée. On a vu que pour vivre à l'aise dans la réalité, il faut être capable d'aller chercher soi-même la réponse à ses besoins. Pour cela, il faut savoir demander, et aussi s'exprimer clairement et avec assurance, sans culpabilité excessive.

C'est surtout durant les tout premiers temps de la relation mère-nourrisson, et si les relations sont bonnes, que l'enfant voit ses besoins comblés exclusivement par son entourage. Le nouveau-né, dépourvu de parole, exprime ses malaises de façon bien maladroite, en criant, en pleurant et en s'agitant. À la mère d'en trouver l'origine et de les satisfaire, au meilleur de sa connaissance! Elle en possède généralement la faculté, la sensibilité aux besoins de l'enfant étant bien féminine. Il arrive, hélas souvent, que les mères maintiennent ce mode de relation bien au-delà de la petite enfance, et même encore bien plus longtemps! Qui n'a pas connu de ces mères empressées de combler un désir avant même qu'il soit formulé? Ou qui répètent leurs demandes: «As-tu assez mangé? Veux-tu encore un peu de dessert? Tu es sûre que tout va bien?» malgré une première réponse pourtant claire... Qui n'a jamais ressenti une certaine irritation devant une telle insistance? C'est normal, car si cette attitude maternelle se justifie auprès d'un jeune enfant, elle témoigne, lorsqu'elle s'adresse à un adulte, à un adolescent, ou même à un enfant en âge de veiller à certains de ses besoins, d'un manque de confiance flagrant en ses capacités.

La réalité de la vie adulte est très éloignée de cette facilité du nourrisson à être deviné. Dans le monde, si on ne parvient pas à imposer et à formuler intelligemment une demande, il est rare que notre entourage se charge de le faire pour nous. Du reste, ces requêtes ne doivent pas non plus s'exprimer par des revendications indues. Faire preuve de tact exige un effort personnel. Il incombe donc au père de soutenir l'enfant dans cet apprentissage et d'apporter son appui à la mère, que sa sollicitude naturelle pousse à devancer les demandes de l'enfant. Le père, toujours parce qu'il représente la réalité extérieure, est porteur de parole et mène l'enfant vers l'univers de l'échange social, où on doit parler pour se faire entendre.

C'est d'abord par son discours qu'il agit. Lorsqu'il pose une exigence à l'enfant, il montre la réalité telle qu'elle est, sans ménagements. Reprenons le cas de Luce. Son père pourrait, par exemple, lui dire: «Tu sais, je ne pourrai pas toujours m'occuper de tes besoins matériels. Ma situation financière est la suivante (lui expliquer clairement ses obligations, le prix des choses, son salaire, etc.). Maintenant que tu es en âge de travailler, tu dois faire ta part. Je suis prêt à t'aider, mais tu dois aussi y mettre du tien.» Il devrait exiger qu'elle assume une part de ses dépenses personnelles. Quant à la mère qui interviendrait probablement autrement, elle doit soutenir l'autorité du père, même si cela lui est difficile.

Une fois la réalité exposée, le père sait également qu'il doit se taire et laisser ses paroles faire leur chemin. Bien sûr, Luce sera fâchée, son père s'en doute bien. Qui sauterait de joie à l'idée d'avoir à gagner soi-même ce qui lui a toujours été fourni sans effort? Évidemment, Luce ne connaît pas encore la fierté et la confiance en soi que l'on ressent après avoir surmonté par soi-même une épreuve: ce sont des sentiments qu'elle n'a jamais vécus. Le père, lui, le sait. Il sait aussi que l'apprentissage de cette réalité n'est pas facile, mais nécessaire. Son rôle n'est pas d'insister. Cela ne ferait qu'attiser la révolte de sa fille et augmenter son malaise. Par contre, il doit demeurer inflexible dans ses exigences. Si Luce, par exemple, n'y donne aucune suite, qu'elle gaspille l'argent réservé à ses dépenses personnelles et vient ensuite lui demander de la dépanner, il doit refuser et la laisser subir les conséquences de son refus de la réalité.

Luce lui tourne autour et lui fait sentir que c'est difficile? Il peut la soutenir en lui demandant comment elle se débrouille dans sa recherche d'emploi. Il doit l'écouter et la conseiller, sans prendre les décisions à sa place. Parce qu'il a confiance en elle, il la soutient sans se substituer à elle. Ainsi, elle apprend peu à peu qu'il ne faut pas s'attendre à ce que nos décisions soient toujours devinées. Il faut prendre les devants et se tailler une place soi-même. Il faut savoir demander ce dont on a besoin, mais apporter sa contribution. Lorsqu'il soutient sa fille dans les moments difficiles, son père montre qu'il est capable de la comprendre, même s'il est arrivé, lui, à un autre stade de sa vie. Il lui enseigne ainsi que tailler sa place ne signifie pas obligatoirement écraser les autres autour de soi. Sa parole et ses attitudes véhiculent des valeurs sociales nécessaires à une saine adaptation au monde.

Le père est le représentant de la loi

Puisqu'il tient ces deux rôles, le père devient, pour la fille comme pour le fils, le représentant de la loi. Pour citer Linda Schierse Leonard: «... il constitue un modèle d'autorité, de responsabilité, de pouvoir de décision, d'objectivité, d'ordre et de discipline[16].» Il est celui qui explique la loi à l'enfant et lui en fait comprendre le bien-fondé, en partie par son discours, mais surtout par son exemple et par ses exigences. Il doit faire en sorte que la loi, pas toujours facile à accepter, apparaisse à l'enfant nécessaire et sécurisante, au lieu de contraignante et écrasante. Comme il est l'intermédiaire entre le monde maternel où tout est facile, et la réalité extérieure, qui exige de fournir des efforts personnels et d'être attentif aux besoins de l'autre, il apprend à l'enfant le respect de la loi qui garantit l'ordre social. C'est l'union de la fermeté et de la souplesse, de la contrainte et de la douceur, qui amène l'enfant à accepter peu à peu de se soumettre à la règle sociale, à l'intégrer à la sienne et à en reconnaître les avantages plutôt que les inconvénients.

C'est peut-être à l'adolescence que ces trois premières fonctions paternelles prennent le plus d'importance, cet âge constituant l'étape ultime de la conquête de l'autonomie, de l'indépendance et

---

16. Schierse Leonard, Linda, *La fille de son père*, Montréal, Le Jour, 1990, p. 34.

du parachèvement de l'identité sexuelle. Mais cette conquête a débuté dès la naissance, et pour que la fille traverse bien l'adolescence, période de contestation souvent houleuse, il est nécessaire que le père ait toujours été présent auprès d'elle et qu'il ait entretenu une relation d'amour, en ayant su doser progressivement ses demandes.

Le père fait éclore et renforce l'identité sexuelle féminine

Les premières identifications de tout individu, garçon ou fille, se rapportent à la mère. C'est donc dire que la première identité de tout enfant repose sur une base féminine. S'appuyant sur cette constatation, certains spécialistes ont supposé un avantage à la fille dans le développement de son identité féminine, du fait qu'elle s'identifiait à quelqu'un du même sexe qu'elle. Ainsi, Guy Corneau, entre autres, déclare: «La femme est, l'homme doit être fait[17].»

C'est mal saisir, à mon avis, la nature de ces identifications premières. Rappelons d'abord que plus l'enfant est jeune, plus les identifications sont globales. Ce qui veut dire que le nourrisson, fille ou garçon, en s'identifiant à la mère, *devient* la mère. On se souviendra que plus les identifications sont globales, moins elles laissent de place au Vrai Soi. Si je suis ma mère, je ne suis pas moi!

Il faut comprendre que ces premières identifications s'effectuent dans un mouvement défensif contre la prise de conscience par l'enfant de sa dépendance à la mère pour sa survie. Le Soi naissant de l'enfant se sent menacé par cette prise de conscience parce qu'il se sent trop fragile. Il cherche alors à annuler cet être naissant en lui au moyen de sa pensée magique. C'est un peu comme s'il se disait: «Je ne veux pas être moi, je suis trop petit et c'est dangereux, parce que si je perds ma mère, je meurs. Alors, je veux être ma mère, je suis ma mère, elle seule est grande et forte, ainsi je suis moi-même grand et fort et je ne crains plus rien.»

Cette identification, si elle est nécessaire au tout petit enfant, doit s'atténuer et laisser progressivement place à l'être propre, différent de cette mère toute-puissante, chez la fille comme chez le garçon. D'ailleurs, selon moi, ces identifications précoces à la mère

---

17. Corneau, Guy, ouvr. cité, p. 20.

ne posent pas tant les bases de la féminité que de l'aptitude à la maternité. En effet, ce que l'enfant conserve de ces identifications, c'est l'aptitude à l'empathie envers les besoins d'un nourrisson. Cela, l'homme aussi peut le conserver, sans nuire à sa masculinité. Cela lui est fort utile auprès de son enfant nouveau-né. Quant à la féminité, elle consiste surtout à se sentir profondément femme, *sujet* de son désir pour un homme. Féminité et maternité sont deux aspects fort différents de l'identité sexuelle féminine et ne doivent pas être confondus.

En raison de sa nature propre, cette identification première à la mère ne constitue nullement une garantie du plein développement de la féminité chez la fille, puisqu'il ne peut s'effectuer que si l'identité de base est bien assumée. Cela suppose que la fille est devenue d'abord, comme le garçon, un être distinct et séparé de sa mère.

Guy Corneau affirme encore: «... pour devenir "homme", le jeune mâle doit passer de cette identification primaire à la mère à l'identification au père[18]». Qu'en est-il pour la fille? Si la difficulté du garçon est de devenir homme à partir d'une identité féminine initiale, celle de la fille est de devenir différente de sa mère tout en demeurant semblable! Cette différenciation est *essentielle* au développement du Vrai Soi, sinon la fille demeure prisonnière d'une identification primaire à la mère qui l'empêche de devenir elle-même et de développer sa personnalité, son individualité.

Simplement parce qu'il n'est pas pareil, parce qu'il est le premier «autre», le premier «non-mère» qu'elle rencontre, le père va aider la fille à façonner sa différence, par rapport à sa mère, mais aussi par rapport à lui. Cette tâche n'est pas simple, elle est parsemée d'embûches. Elle est le labyrinthe de l'identité féminine que la fille doit nécessairement et obligatoirement traverser, et où elle court le grand risque de perdre le fil qui la relie à sa féminité. Ici, ce n'est pas Ariane qui donne à Thésée le fil conducteur, mais le père qui doit guider Ariane vers son identité et l'aider à ne pas perdre son chemin dans le dédale.

La petite fille d'un an ou deux s'identifie naturellement à sa mère. On se souvient qu'à cet âge l'enfant développe surtout son

---

18. *Ibid.*, p. 20.

identité de rôle, car il est sensible au concret et s'identifie à des comportements observables. La petite fille aime jouer avec ses poupées, leur donner à manger, fabriquer des gâteaux imaginaires... Ces identifications aux comportements de sa mère développent surtout le côté maternel de l'identité de rôle féminine. Si de surcroît la mère est féminine dans son maintien, dans sa façon de se vêtir, de se maquiller, etc., la fille peut également s'identifier à ces manières, ce qui lui donnera extérieurement l'allure d'une petite fille bien féminine. Il s'agit là d'une féminité de rôle, d'une féminité de surface, pourrait-on dire, et non d'une féminité intériorisée. Souvenez-vous des premières années de Mariane. Elle était alors une petite fille très féminine, aimant arborer fièrement ses robes à crinoline et adorant dorloter ses poupées. Rappelez-vous ses efforts pour se faire remarquer par son père, pour tenter de le séduire, et des conséquences du silence et de l'absence de cet homme. Mariane, de petite fille féminine qu'elle était, s'est transformée bientôt en garçon manqué.

Cet exemple démontre que si l'identification à la mère établit les bases de la féminité chez la fille, ce n'est qu'à l'état de germe, pour ainsi dire. La féminité profonde, intérieure, se développe surtout grâce aux «succès» que la fille va rencontrer dans ses tentatives de séduction auprès de son père. Par succès, j'entends non pas que le père y réponde par une attitude correspondante, mais bien qu'il les remarque et donne de l'attention à sa fille.

Ici, trois tâches incombent au père. D'abord, il doit aider la fille à sortir de la fusion mère-enfant (ou mieux, lui permettre de ne pas s'y embourber). Il lui faut aussi, par son attitude, favoriser chez elle la fierté d'être femme. Et il lui reste ensuite à poser clairement l'interdit de l'inceste. Parce qu'il est homme, c'est-à-dire objet du désir féminin, lui seul peut soutenir tout le développement de la féminité chez sa fille, lui seul peut faire en sorte qu'elle se sentira femme et désirable pour un homme. Triple tâche ardue, tant pour le père que pour la fille.

Le père est objet d'identification

Pour se distinguer et se séparer de la mère, la fille doit s'identifier à certains aspects de son père, entre autres son autonomie, sa force, son pouvoir de décision, son sens des responsabilités, toutes ces choses nécessaires au développement du «squelette de l'identité» dont nous avons déjà parlé. Pour y arriver, la fille prend appui sur la différence du père dans ses échanges avec sa femme. Si le père est différent et qu'il parvient à établir avec sa femme une relation d'égalité, la fille apprend, à son contact, qu'il est possible de transformer son lien avec sa mère en un rapport d'égal à égal. Cependant, il y a un hic! Cela est possible, certes, mais elle n'a pas encore atteint l'âge qu'il faut! Elle le pourra un jour, mais elle doit d'abord grandir et acquérir son autonomie. Il lui faut accepter au préalable la différence des générations. Le désir réciproque qui unit son père et sa mère vient l'aider à accepter cette dure réalité. J'approfondirai ce dernier point un peu plus loin, en parlant de l'interdit de l'inceste.

Pourquoi l'identification à l'autonomie du père est-elle si importante? La fille ne peut pas simplement s'identifier à celle de sa mère? Bien sûr qu'elle le peut, elle le doit même. La mère représente un pouvoir immense pour tout enfant et la fille, comme le garçon, doit le démythifier pour être capable de découvrir sa propre force, sans quoi elle risque de conserver un sentiment d'infériorité et de faiblesse par rapport à sa mère. C'est à cette fin qu'elle prend appui sur le pouvoir du père, l'autre-de-la-mère. Si elle ne rencontre pas le soutien paternel, l'identification à la mère comportera alors le danger de disparaître derrière celle-ci: s'identifier à la mère signifiera être identique à elle, donc ne pas être soi-même. Dans ce cas, l'identification ne pourra s'effectuer sans risque pour l'émergence du Vrai Soi. C'est pour cette raison que tant de filles, à l'adolescence, particulièrement quand le père est faible et peu présent, déploient tant d'énergie à *ne pas ressembler à leur mère*. Tous les moyens sont bons pour s'en distinguer. Elles se dressent contre elle, la contestent, la déprécient. Elles recherchent à tout prix la différence afin de pouvoir émerger comme individu séparé. La mère est-elle coquette, aime-t-elle les beaux vêtements, les bijoux et les parfums? Soyez certain que la fille va rejeter ces choses. Cette quête de différenciation peut même mener la fille à la perte de sa féminité originelle et à l'adoption d'une identité masculine d'emprunt (comme dans le cas de Mariane).

Le père est objet de désir

C'est seulement après avoir franchi cette étape que la fille peut sans risque recommencer à s'identifier à la féminité de la mère. Là encore, le père joue un rôle primordial pour l'inciter à ce retour. Lorsqu'elle effectue ses identifications à l'autonomie du père, la fille se montre très sensible à la façon dont son père considère la féminité de sa femme et de sa fille, puis celle des femmes plus globalement. La réussite de ce difficile passage (s'identifier à l'autonomie du père sans devenir masculine) dépend en grande partie de l'attitude du père envers les femmes en général et envers la féminité de sa fille en particulier. Elle doit sentir qu'il a du respect et de l'amour pour le sexe féminin. C'est à cette condition qu'elle pourra renoncer à trop lui ressembler et qu'elle désirera s'identifier à la féminité de sa mère. Elle sentira que celui qu'elle affectionne et admire souhaite qu'elle devienne femme et l'aime pour cette raison.

Souvenez-vous de la longue quête de Nicole. Elle a péniblement réussi à trouver le soutien du père, écrasé par une mère trop présente, pour trouver sa différence. L'identification à la mère lui paraissait menaçante et elle s'y refusait. Sa relation au père avait heureusement été assez enrichissante pour lui conserver son estime en tant que femme, ce qui a sauvegardé son désir de le devenir. Elle a cherché et trouvé un modèle féminin d'identification autre que la mère, ce qui lui a permis de retrouver le chemin de sa féminité. Si elle a pu ainsi persévérer, c'est grâce à la qualité de sa relation avec le père qui, même sans rigueur et incapable de s'affirmer devant sa femme, a cependant suscité chez elle le désir de la féminité, en dépit du modèle peu attirant représenté par la mère.

Comment le père peut-il accompagner la fille dans ce mouvement identificatoire dirigé vers lui sans faire d'elle un homme? On a vu au début de ce chapitre que le rôle du père dans la construction de l'identité de la fille ressemble à celui qu'il joue auprès du fils. La différence repose surtout dans les intentions du père. Lorsqu'il favorise le développement de la structure interne, du squelette à la base de l'identité de l'enfant, il n'agit pas de la même manière avec son fils et avec sa fille. Lorsqu'il encourage le fils, il a pour lui, comme le dit Christiane Olivier[19], des «projets identificatoires». Par exemple, il souhaite que celui-ci devienne un homme de bien, solide et en pleine possession de ses moyens, comme lui, tout en lui laissant la latitude d'être à la fois semblable et différent de lui.

Pour aider sa fille dans la recherche de sa différence et de son autonomie, le père est stimulé non par des rêves identificatoires

---

19. Olivier, Christiane, ouvr. cité, p. 102.

(c'est-à-dire qu'il ne cherche pas à en faire un homme, comme dans le cas du père de Claude), mais par des «rêves œdipiens», c'est-à-dire en projetant l'image de la femme qu'elle sera, sujet de son désir pour un *autre* homme (souvenez-vous comment le père de Claude supportait mal l'idée que sa fille s'attache à un autre homme que lui). Le père veut qu'elle soit une femme autonome, sachant s'affirmer et prendre sa place, conscient que c'est là la condition essentielle pour qu'elle devienne une femme confiante en sa féminité. Il soutient ses projets de réalisation personnelle (ce que les pères d'Andrée et de Marjolaine n'ont pas su faire), tout en la «rêvant» femme dans le futur, capable de trouver un homme qui la rendra heureuse. En contribuant ainsi à la constitution du Vrai Soi de la fille, le père favorise en même temps le développement de sa féminité, qui peut d'ailleurs demeurer latente pendant quelque temps. Certaines petites filles, entre 7 et 10 ans, ont parfois l'air plus masculines que féminines. Cela ne veut pas nécessairement dire qu'elles le resteront. Si le père continue de lui prêter son soutien durant cette période en gardant à l'esprit l'image de la femme qu'elle deviendra, cette identification masculine demeurera une simple étape du développement de sa fille et la féminité ne manquera pas d'éclore à l'adolescence, avec l'apparition des premières règles et la poussée pulsionnelle pubertaire.

Le père pose l'interdit de l'inceste

Le défi du père est de rendre la fille confiante en la valeur de son sexe sans lui nuire par son désir à lui. Il arrive que le père ressente du désir pour sa fille, surtout à l'adolescence, lorsqu'elle est en pleine effervescence pubertaire et qu'elle continue, avec candeur, à s'asseoir sur ses genoux... Mais le rêve œdipien de la fille («plus tard, je vais me marier avec toi...») ne doit pas recevoir de confirmation dans la réalité ni même dans une complicité sans passage à l'acte. L'interdit de l'inceste doit être clairement posé. Le père doit sans ambiguïté signifier à sa fille qu'elle devra trouver un compagnon de son âge et que, même s'il l'aime, l'objet de son désir est sa femme.

Que se passe-t-il lorsque la mère cesse d'être l'objet du désir du père, dans les situations de divorce, par exemple? De nouveau, il doit exprimer avec netteté à sa fille, pour l'aider à renoncer à son rêve, qu'il est attiré par une femme de sa génération à lui. S'il parvient mal à poser l'interdit de l'inceste, la fille risque de demeurer dans un Œdipe sans fin.

Une multitude de situations équivoques peuvent coincer la fille dans le désir œdipien du père, sans qu'on puisse parler d'inceste véritable. Un climat vaguement incestueux fait de regards complices, de traitements de faveur, par exemple. Ou encore, la répétition de certaines remarques à teneur sexuelle laissant croire à la fille qu'il préfère sa compagnie à celle de sa femme (souvenez-vous de Marjolaine). De telles attitudes entravent la résolution de l'Œdipe féminin, car la fille demeure trop longtemps attachée à son père, nourrissant secrètement l'espoir d'être enfin sa préférée, lorsque sa mère n'y sera plus.

Seul un interdit clair et sans équivoque permettra à la fille de se dégager de son désir œdipien et d'accéder réellement à sa féminité, ce qui la conduira vers un autre homme. Il n'appartient pas au père d'éveiller la sexualité de sa fille ni de lui donner le sentiment qu'elle est femme par des regards de désir. Le regard du père doit être un regard d'amour, de bienveillance et de fierté, non de désir. Il appartient à un autre homme de révéler ainsi la femme à elle-même. En effet, la transformation de la petite fille en femme s'opère dans le silence de l'intériorité, souvent à son insu même. La révélation de sa féminité lui vient de l'extérieur, du regard d'un autre homme.

Au début, l'établissement de l'interdit par le père peut provoquer une réaction agressive chez la fille, chez l'adolescente surtout. Dans l'attitude contestataire de l'adolescente, il y a souvent un peu de cette agressivité née d'une déception: on ne renonce pas si facilement à son premier amour!... Mais cette réaction est passagère et par ailleurs souvent bénéfique. Elle permet à la fille de se mesurer au père et, par ce fait, de s'identifier aux valeurs paternelles, y compris la loi de l'interdit de l'inceste. Seule cette identification confère à la fille une pleine indépendance par rapport à son père et lui permettra de le quitter en paix. La confiance en elle acquise auprès de lui la fera remarquer par un autre homme, qui lui révélera sa féminité. Les joies qu'elle y trouvera effaceront alors les dernières traces de son agressivité d'adolescente...

Le père contribue au développement de la créativité

Dans tout ce qui précède, on a pu voir que l'attitude du père doit varier entre une exigence ferme et un soutien doux et compréhensif. Sur ce même modèle de l'alternance, il lui faut également apprendre à être présent tout en sachant s'effacer, le temps venu, afin de laisser à sa fille la latitude dont elle a besoin pour faire ses propres expériences. S'il s'éclipse tout en restant disponible, il suscitera chez la fille le désir d'apprendre et de réussir en usant de ses propres moyens. Présent quand elle a besoin de son support, retiré pour lui laisser la possibilité de découvrir ses forces personnelles, y compris sa féminité, tel est le rôle du père. Le succès de cette tâche réside en un juste dosage entre absence et présence, en accord avec les besoins de l'enfant. Plus la fille grandit, plus le père doit savoir se faire discret, tout en l'assurant de sa présence en cas de besoin. Il ne doit pas imposer ses propres désirs et il lui faut laisser assez de place à la fille pour qu'elle découvre les siens. Ainsi, elle acquiert la certitude qu'elle sera aimée quels que soient ses choix, même s'ils ne correspondent pas à ceux du père.

Cette latitude se révèle importante pour le développement de la créativité. En soutenant les mouvements d'affirmation personnelle de la fille, le père encourage l'expression d'une saine agressivité et n'impose pas ses propres valeurs, ce qui risquerait d'en faire un «homme manqué». Il ne l'enferme pas dans ses attentes à lui. Au contraire, il la soutient dans la découverte de ses propres désirs et l'utilisation de ses propres forces. De cette manière, l'identification à la force et à la puissance paternelle (base d'une saine utilisation de l'agressivité) peut s'intégrer harmonieusement à l'identité féminine de la femme, une condition nécessaire à la créativité.

L'exemple de Marjolaine nous montre un père qui emprisonne les forces de sa fille dans son désir à lui. Il veut que sa fille soit une poupée, belle et intelligente, certes, mais pour sa seule fierté à lui. Résultat? Marjolaine n'ose pas utiliser son intelligence pour réussir. Elle a développé sa créativité, mais sans vraiment croire à ses talents.

Un père qui n'aide pas sa fille à se réaliser parce que, selon lui, l'agressivité est une affaire d'homme, empêche la nécessaire intégration de l'agressivité au sein de l'identité féminine. La fille se sent coupable de cette agressivité qui lui apparaît comme un attribut masculin, réprouvé par sa partie féminine, qu'elle s'attend à voir condamné par autrui. C'est un peu le cas d'Andrée, qui se sent mal à l'aise devant ses succès professionnels. Elle se sent coupable de ses pulsions agressives qui s'intègrent mal à son identité féminine, entravant pour elle aussi un accès libre à sa créativité.

Le père de Claude, lui, a bien facilité l'affirmation de soi et l'utilisation saine de l'agressivité chez sa fille, mais avec l'intention de la voir les mettre au service de la réalisation de ses attentes à lui. Elle devait s'affirmer, devenir indépendante et forte, non pas pour suivre la voie de la féminité, mais celle choisie par son père (en prenant la relève du commerce familial et en remplaçant le fils tant attendu). Claude est relativement sûre d'elle-même et de ses capacités, mais non pas de sa féminité. Par ailleurs, elle se sent «mal outillée», parce que les outils qu'elle possède demeurent pour elle, inconsciemment, des outils masculins, qui ne lui permettent pas de trouver sa propre voie, son identité de femme. Heureusement, son père accordait de la valeur à la maternité et c'est par celle-ci que Claude a pu exprimer sa créativité.

Jour après jour, en jouant tous ces rôles que nous avons décrits dans ce chapitre, le père aide sa fille à se découvrir, à découvrir les forces qu'elle possède et à se faire confiance. En encourageant ainsi le projet de vie de son enfant, il favorise le développement de la créativité de la fille, car chacun des gestes qu'il fait aide à l'émergence du Vrai Soi, artisan du geste spontané et créateur.

LA PRÉSENCE DU PÈRE EST IMPORTANTE DÈS LE BERCEAU

On se souvient de l'importance de la présence réelle et continue des parents pour que s'établisse une relation structurante avec l'enfant, sans laquelle les identifications ne peuvent s'intégrer au Vrai Soi.

Longtemps, on a pensé que le père commençait à jouer son rôle auprès de l'enfant seulement à sa sortie de la petite enfance, période de symbiose mère-bébé. Dans la documentation scientifique, on affirmait que le père était un intrus dans la relation première, intime, entre l'enfant et sa mère. On décrivait un nourrisson en symbiose avec elle, vivant dans une sorte de paradis dont était exclue toute autre personne qui venait nécessairement déranger ce tête-à-tête idéal. On a prétendu que le père qui s'occupait activement du nourrisson n'était qu'une autre mère aux yeux de ce dernier et qu'il ne faisait pas la distinction entre les deux. Le «maternage» était une affaire de femme. On a même parfois avancé que le père ne se sentait aucune attirance envers le bébé, que l'enfant ne l'intéressait pas avant qu'il parle ou qu'il atteigne l'âge de l'Œdipe. Il est possible que certains pères se sentent gauches ou effrayés avec un nouveau-né, il y a sans doute à cela des raisons culturelles. Qu'il ne se sente pas attiré, cela est cependant beaucoup moins sûr, et les pères qui n'ont pas craint de s'occuper de leur nourrisson en savent quelque chose! Quelle joie n'ont-ils pas ressentie à tenir ce petit être dans leurs bras!

Les recherches récentes sur le comportement relationnel et social des nourrissons, décrites et analysées par Daniel N. Stern[20], rapportent des observations qui viennent relativiser la théorie d'une sorte de nirvāna du début de la vie et remettre en question l'existence d'une symbiose première entre mère et bébé. Dès les premiers mois de son existence, bien loin d'être indifférent au monde extérieur, le bébé fait preuve d'un réel intérêt pour la vie qui l'entoure, et non pas uniquement pour sa mère. Dans les moments de calme et de sécurité, sa curiosité est éveillée par toute personne qui l'approche, lui parle et lui manifeste de l'intérêt. S'il arrive qu'une telle symbiose s'effectue, c'est sans doute parce que le bébé reste toujours seul avec sa mère. Quoi de plus normal alors qu'il s'attache à elle avec une telle force, une telle exclusivité! Et cela n'explique-t-il pas aussi que le père soit perçu comme un intrus lorsqu'il n'apparaît que vers l'âge de deux ans et demi ou trois ans, au côté d'une mère qui lui cède difficilement du terrain!

Il est vrai que le bébé connaît intimement la mère depuis longtemps lorsqu'il vient au monde, puisqu'il l'a connue de l'intérieur, durant la proximité utérine. Les recherches récentes révèlent toutefois que dès cette lointaine période, le père n'est pas tout à fait un étranger pour le fœtus. Déjà, dans le sein maternel, il fait partie de son univers. Le bébé l'entend et réagit à sa voix, qu'il différencie de celle de sa mère. Cette dernière est amplifiée par les vibrations thoraciques, alors que celle du père parvient du dehors[21]. On pourrait dire que le père est d'entrée de jeu le représentant de l'extérieur!

---

20. Stern, Daniel N., *Le monde interpersonnel du nourrisson,* Paris, PUF, 1989, 381 p.
21. Dans Christiane Olivier, ouvr. cité, p. 89-99.

C'est donc dire qu'à la naissance la fille connaît son père. Il n'est pas un étranger pour elle. Il est cet autre-de-la-mère, extérieur à la relation très étroite qui la lie à elle. Un «autre» qui peut parfois effaroucher et importuner, si l'enfant est mal à l'aise ou effrayé, mais qui peut aussi être sécurisant lorsque la mère, fatiguée, anxieuse, a perdu sa sérénité. Dans ces moments, c'est elle-même qui peut devenir dérangeante et susciter la peur, alors que le père parviendra à rassurer ce petit être craintif.

Le père n'est pas non plus un intrus indésirable pour sa fille, au contraire, elle s'intéresse très tôt à lui. Stern avance qu'entre 3 et 8 ou 10 mois, l'enfant traverse la période la plus sociale de son développement. C'est l'âge où le nourrisson apprend à discriminer les adultes qui l'entourent, à déterminer ce qui le caractérise, lui, et ce qui caractérise papa et maman. Il est très sensible à ces différen- ces, les détecte et les intériorise. Il forme déjà ses premières imagos. Ainsi s'épanouit l'attachement et se tisse le lien, dès les premiers moments de la vie, à travers tous les sens, particulièrement la vue, l'ouïe et le toucher. C'est le premier et le plus solide rendez-vous avec l'amour, parce qu'il se produit à l'âge où l'enfant est totale- ment dépendant et donc plus sensible aux réponses de son entou- rage. Il est aussi capable de sentir la qualité de ses relations avec ses père et mère. Leur souvenir s'imprimera à jamais dans sa mémoire. Mais il faut pour cela que l'adulte lui parle! Il est impor- tant que les pères soient présents à ce premier rendez-vous avec leur fille: c'est là que la relation commence! Comme l'écrit Chris- tiane Olivier: il faut prendre le temps de la relation pour que l'atta- chement se fasse.

Déjà à cet âge, les bases du complexe d'Œdipe commencent à se poser. Cet autre-de-la-mère, le père, est attirant pour la fille, et elle lui témoigne de la curiosité et un désir de le connaître, du simple fait qu'il est différent et extérieur. S'il n'est pas là dès ce moment, comment pourra-t-elle entrer en contact avec lui, apprendre à le connaître et s'attacher à lui? Comment cet étran- ger pourra-t-il la rassurer s'il n'arrive que tardivement? «Mais comment donc les hommes aiment-ils?» m'a déjà demandé une patiente dont le père avait été très absent durant son enfance. Les hommes lui semblaient tellement lointains et différents d'elle qu'il lui était inconcevable qu'ils puissent avoir des sentiments sembla- bles aux siens.

Stoller prétend que la symbiose mère-fille devrait se prolonger et qu'un père trop présent nuit au développement de la féminité[22]. Il fonde son hypothèse sur les observations qu'il a faites de femmes adultes présentant des troubles importants de l'identité sexuelle. Selon ses observations, les pères de ces femmes ont été très présents auprès des bébés. Mais, selon moi, il faut voir de quelle nature étaient leurs sentiments. Si les problèmes qu'a observés Stoller ont vu le jour, c'est que la qualité de la relation parent-enfant devait être déficiente. À mon avis, on ne peut pas se baser uniquement sur des situations problématiques pour avancer des conclusions sur le développement normal de l'individu enfant.

Stoller prétend aussi que la symbiose mère-fils doit se terminer le plus rapidement possible. Ces deux conclusions me semblent refléter un préjugé très ancré dans la mentalité masculine voulant que les mères soient des dangers pour leurs fils. On confine ainsi les femmes dans le rôle de la maternité et on éloigne les filles de leur père pour les maintenir dans un ghetto féminin. Selon moi, la mère ne représente pas nécessairement un danger pour son fils. Elle le devient si son unique domaine est la maternité et, par conséquent, le seul où elle peut se sentir mise en valeur et exercer un certain pouvoir. Il est vrai malheureusement que la situation est très fréquente. La difficulté des hommes à se dégager de l'emprise de leur mère ne vient pas exclusivement de la symbiose prolongée, toutes les mères ne s'y complaisant pas, mais surtout de l'absence du père auprès du nourrisson. Et la fille court d'ailleurs le même danger si elle est privée de la présence de son père.

Les observations de nourrissons révèlent au contraire que la présence précoce d'un père aimant, à l'aise dans sa masculinité, et en relation avec une mère bien, elle aussi, dans sa féminité, favorise le développement de la féminité de la fille. C'est plutôt l'absence du père ou un comportement inadéquat de sa part qui risquent de donner naissance à une femme masculine (pensez à Mariane, Diane ou Andrée). S'il n'est pas là, la fille court le risque d'être coincée par une mère trop présente et de demeurer incapable de s'en distancier. Le père qui n'a pas une attitude appropriée rend plus difficile l'acquisition de l'estime de son propre sexe par la fille, donc le développement de sa féminité. Dans

---

22. Stoller, Robert, *Masculin ou féminin?*, Paris, PUF, 1989.

l'impossibilité de développer une saine estime d'elle-même, elle risque de rechercher le pouvoir dont elle a besoin pour se sentir quelqu'un par la seule maternité. C'est là qu'elle peut exercer une mainmise sur ses enfants.

LA PATERNITÉ, UNE QUESTION D'ATTITUDE INTÉRIEURE

J'aimerais conclure ce chapitre en apportant une précision à propos de la qualité du lien qui unit un père et sa fille. J'ai insisté sur la nécessité de la présence du père dès les débuts de sa vie. Mais, vous demanderez-vous, lorsqu'il lange sa petite fille, lui fait boire un biberon ou qu'il l'endort en la berçant, en quoi le père contribue-t-il à l'édification de la structure de son identité féminine? Comment est-il pour elle le représentant de la loi et le porteur de la parole? L'intermédiaire entre elle et la réalité?

Il faut comprendre que toutes ces tâches qui lui reviennent ne peuvent être achevées que dans une relation d'amour, de confiance et de respect entre le père et la fille. Elle doit se sentir aimée par son père, sa présence doit lui être agréable. C'est ce lien d'amour et d'affection qui permet au père de jouer son autre rôle plus sévère, avec des chances de réussite. Sans ce lien, il est perçu comme un intrus ou, pire, un ennemi.

Mais, me direz-vous, un père qui change la couche ou qui donne le biberon n'est-il pas en train de materner plutôt que de paterner? Attention! Encore une fois, ne confondez pas identité sexuelle et identité de rôle! Ce n'est pas parce que le père accomplit ces actes qu'il materne son enfant. Comme le souligne Christiane Olivier: un père ne peut pas materner, puisqu'il n'est ni une mère ni une femme! Il est un père, un homme, donc il ne peut que paterner. Lorsqu'il s'occupe de l'enfant, il le fait avec sa masculinité, sa pensée à lui et ses caractéristiques d'homme. Cela va de soi, mais il n'est pas mauvais de le rappeler, à notre époque où la recherche de nouveaux repères pour définir notre identité sexuelle nous préoccupe. La paternité, pas plus que la maternité, ne se réduit à une simple question de gestes, d'actes ou de comportements. L'attitude intérieure du père et de la mère importe beaucoup plus, l'enfant le sait très bien, lui.

Il est important de dire que tous les rôles décrits dans ce chapitre peuvent aussi être remplis par la mère, dans la mesure où celle-ci est à l'aise avec sa masculinité. Il existe des mères qui savent exercer une autorité sur leurs enfants et sont capables de les aider à accepter la réalité en dosant amour et exigences, capables de leur apprendre à accepter la loi et qui, par le modèle qu'elles offrent à leur fille, contribuent au développement de leur féminité. Ce ne sont pas les tâches elles-mêmes qui constituent des privilèges paternels, ce qui est important, c'est *le fait qu'elles sont remplies par lui,* c'est-à-dire par un homme. Lorsqu'il s'occupe de l'enfant, il est à ses yeux le représentant de la masculinité. Il en va de même pour la mère et sa féminité. Les deux parents peuvent en réalité, à peu de chose près, effectuer les mêmes tâches, ce qu'ils font différemment, chacun avec ses caractéristiques d'être sexué. C'est la triangulation des relations, père (homme), mère (femme) et enfant (garçon ou fille), qui permet la naissance du sujet, distinct et séparé.

Un préjugé voudrait que la présence du père auprès du bébé de sexe féminin augmente les risques d'inceste. Je ne le crois pas. L'inceste est le plus souvent causé par un père profondément immature et affecté par d'importants problèmes d'identité et de sexualité. De plus, un tel père vit fréquemment avec une femme, la mère de la fille, tout aussi immature que lui et présentant une sexualité problématique. Dans de tels cas, l'inceste est presque prévisible et inévitable, et il se produira, que le père soit présent ou non auprès du nourrisson. Hormis ces situations extrêmes, la présence du père très tôt dans la vie de sa fille est peut-être, comme le pense Christiane Olivier, la meilleure garantie contre un passage à l'acte incestueux. Le père qui s'attache très tôt à ce petit être fragile, qui le protège et le soigne, qui voit dans le regard de sa fille l'amour et l'attachement qu'il lui porte, ne peut que développer le désir de la protéger. À la condition, bien sûr, de s'être lui-même dégagé de sa dynamique œdipienne. Prendre soin d'un nourrisson est une expérience humaine sans prix, plus familière aux femmes, et que les hommes ont encore à découvrir.

CHAPITRE V

Quand père et fille se rencontrent

Les mille et une difficultés d'une histoire d'amour

Personne n'est vraiment à l'aise face à l'altérité. Ceux qui la minimisent, pas plus que ceux qui la dramatisent ou l'ironisent.

Mariella Righini, *Écoute ma différence*

UNE GRANDE SOIF DE PÈRE

L'identité, on l'a vu, ne peut se construire solidement que si les deux parents se révèlent de véritables phares qui guident la fille vers sa voie propre. Leur présence à tous deux est indispensable, car le Vrai Soi ne peut émerger qu'entre similitude et différence. Même si l'un des deux parents peut en partie suppléer à l'absence de l'autre, il ne peut jamais le remplacer tout à fait. La fille (comme le garçon) ne peut bâtir son identité qu'en se situant par rapport à deux parents différents qui sont unis.

En raison même de sa différence, le père est un intervenant majeur dans le développement de l'identité de sa fille. En examinant les divers rôles dévolus au père, on a pu voir que le malaise identitaire des femmes trouve en partie son origine dans un paternage déficient. Lorsque le père est absent ou qu'il manque à sa tâche pour une raison ou une autre, il en résulte des tensions, parfois même des ruptures au sein de l'identité féminine.

Ces difficultés cachent souvent chez la femme adulte une soif intense du père, qui se révèle presque immanquablement lors d'une thérapie, quand elle s'arrête un moment pour chercher à comprendre la source de ses maux. Même celle qui garde le souvenir d'un père aimant découvre à un certain moment que son soutien lui a manqué, particulièrement dans l'édification de son identité. La fréquence de ces révélations faites dans la confidence d'un bureau de consultation laisse soupçonner que cette soif de père accompagne souvent, consciemment ou non, les blessures identitaires dont souffrent un grand nombre de femmes.

Même s'il n'est pas toujours aigu, le problème oblige à réfléchir aux raisons qui rendent cette indispensable rencontre entre père et fille si difficile et si douloureuse. Pourquoi les pères ont-ils tant de mal à jouer leur rôle auprès de leur fille malgré l'amour véritable qu'ils lui portent souvent? Pourquoi la rencontre entre un père et sa fille se révèle-t-elle aussi ardue? Une réflexion sur ce point nous fera découvrir une fille en soif de père et un père lui-même en manque du sien, souffrant pour cette raison, lui aussi, de blessures identitaires. Le manque de père affecte autant les garçons que les filles, les hommes que les femmes. Une meilleure compréhension de cette douleur partagée nous ramènera à notre préoccupation initiale, cette apparente impasse dans laquelle les relations hommes-femmes se sont embourbées à la suite des bouleversements qu'ont subis nos définitions des identités féminine et masculine.

Ce chapitre comporte trois parties. La première traite de la perspective féminine de ce difficile rendez-vous entre une fille et son père. Dans la deuxième partie, nous tenterons de mieux connaître cet homme mal paterné qui devient père à son tour, père d'une fille à l'image de sa propre mère, dont la présence envahissante hante encore ses souvenirs inconscients. Nous verrons ensuite ce qui se produit lorsque cette petite fille en besoin d'être paternée rencontre un père à l'identité fragile.

PÈRE ET FILLE: UN RENDEZ-VOUS RATÉ POUR L'IDENTITÉ

Féminité et réalisation de soi sont-elles conciliables?

«À quoi bon être femme si l'on n'est pas *la* bien-aimée? La seule aimée[23]!» Réfléchissant à la difficulté de nombreuses femmes à faire de leur solitude une expérience de croissance, Madeleine Chapsal décrit le sentiment partagé par plusieurs d'entre elles de n'être rien sans le regard amoureux d'un homme. Être une personne à part entière, connaître ses forces, ses talents et ses désirs, prendre plaisir à les exploiter et à les développer, tout cela semble inintéressant à une multitude de femmes si l'amour d'un homme ne vient pas les soutenir. Toute leur énergie est centrée sur la recherche de cet amour masculin dont elles dépendent pour s'apprécier elles-mêmes. S'il vient à manquer, c'est l'effondrement.

D'autres femmes, au contraire, déploient beaucoup d'efforts pour s'affirmer et réussir leur carrière, et refuseraient absolument de renoncer à leur autonomie chèrement acquise. À première vue, elles semblent moins dépendantes de cette appréciation masculine. Mais souvent, leurs relations amoureuses vont d'échec en échec, elles ont le sentiment d'attirer seulement des hommes qui sont à la recherche d'une mère et craignent que leur indépendance ne fasse fuir ceux qui pourraient les tirer de leur solitude. Tôt ou tard vient le moment où elles sont assaillies par le sentiment d'un vide intérieur, d'une lourde solitude. Elles se demandent si elles n'ont pas oublié l'essentiel et leurs réalisations professionnelles leur semblent futiles. Derrière leur indépendance affichée, se dessine chez elles l'attente secrète de la confirmation de leur valeur par le regard masculin.

Trop souvent, la femme est dans une position d'attente par rapport à l'homme: attente d'être remarquée, d'être choisie, d'être aimée, attente d'être approuvée dans ses choix et encouragée dans

---

23. Chapsal, Madeleine, *Une soudaine solitude*, ouvr. cité, p. 172.

ses activités. Il est rare qu'elle fasse les choix. On peut dire qu'elle n'est pas *sujet* de son désir, en ce sens qu'elle ne l'assume pas pleinement, activement, mais plutôt *objet* du désir de l'homme, c'est-à-dire dans l'attente passive d'être désirée et promue par lui. J'utilise ici le mot «désir» dans un sens large. Assumer son désir, en être le sujet, veut dire faire des choix (sexuels ou autres) en conformité avec ses intérêts et sa personnalité, avec son Vrai Soi, plutôt que de les remettre à la décision d'autrui. Même des femmes, en apparence libérées sexuellement, qui pratiquent une sexualité sans contrainte et qui semblent assumer activement leurs choix, sont souvent davantage préoccupées par leur plaisir à être désirées que par leur propre désir. Celles qui se flattent de se débrouiller seules et de n'avoir pas besoin d'un homme nous avouent parfois, dans les moments d'intimité, leurs doutes, leur sentiment d'infériorité en tant que femmes «qui ne plaisent pas», et leur secret espoir de rencontrer celui qui va enfin les tirer de leur isolement et les reconnaître comme femmes désirables. Rares sont celles qui parviennent à s'occuper vraiment d'elles-mêmes sans en garder un arrière-goût de colère ou de déception. Être une femme, confiante de sa valeur et de son importance, même en l'absence momentanée d'un homme qui la soutient par son regard amoureux, cela semble peu fréquent! Certes, il est tout à fait normal de désirer une relation amoureuse, et je ne prétends pas que ce besoin ne devrait pas exister chez une femme dont l'identité est bien assumée. Ce que je veux faire remarquer ici, c'est l'importance démesurée que la femme accorde trop souvent à l'appréciation de l'homme pour qu'elle se sente exister, comme si le sentiment de son identité en dépendait. La fréquence de ce constat a de quoi surprendre et questionner.

Le jugement et l'amour de l'homme se trouvent donc idéalisés chez la femme. Peu sûre d'elle, de sa propre valeur, elle a besoin que cet autre voit sa différence, lui marque son estime et manifeste le plaisir qu'elle lui procure. Cette attente se traduit par de multiples demandes adressées à son partenaire masculin, soit sur le mode de la soumission, soit sur celui de la lutte et de la revendication. Il doit l'aimer presque sans condition, la comprendre, partager ses goûts et ses intérêts, l'épauler dans les moments difficiles, et surtout, lui parler. Vaste programme! Sans le savoir, ne rêve-t-elle pas d'un amour idéal, d'une parfaite concordance avec ses besoins? Évidemment, cette atttente est toujours déçue, et dès que l'homme se montre dif-férent de ses espoirs, la femme se sent blessée et rejetée.

Il lui est en général assez facile de trouver une reconnaissance auprès d'autres femmes, ce qui est important, puisqu'on apprend à s'aimer d'abord en se sentant aimée par ses semblables. Mais cette reconnaissance ne suffit pas et n'apaise pas profondément les dou-tes de la femme. Elle a besoin que sa valeur soit confirmée par un autre différent, qui évalue selon d'autres critères, à partir d'un autre point de vue, sans quoi la femme reste emprisonnée dans une rela-tion en miroir qui lui coupe l'accès à son individualité. La recon-naissance par l'autre différent de soi et hors de soi est la condition incontournable du processus d'accession à l'identité. Elle permet de s'estimer soi-même, de croire en sa propre valeur et en sa diffé-rence, et surtout d'en être fière. On peut se demander comment il se fait qu'un tel besoin persiste chez tant de femmes adultes, alors que l'identité devrait en principe être déjà établie et leur conférer l'in-dépendance par rapport au jugement de l'homme.

La béance paternelle de l'identité

Ainsi il est fréquent que l'identité féminine reste encore à cons-truire à l'âge adulte. D'où vient ce manque, sinon de la relation pre-mière avec le père, ce premier être différent que la femme a connu?

Dans le développement de la fille, seul le père, parce qu'il est cet autre différent, peut lui apporter la reconnaissance d'elle-même. Il s'agit là d'un besoin fondamental et, comme tous les autres, s'il ne trouve pas de réponse au moment voulu, il reste vivant à l'inté-rieur de l'adulte, qui cherche alors à le combler en s'adressant à ses objets d'amour contemporains. La faille au sein de l'identité fémi-nine, le manque, la solitude si dure à vivre parce qu'elle met en doute la valeur personnelle de la femme, c'est le vide laissé par la non-reconnaissance du père. La fille que le rendez-vous d'amour avec son père a laissée sans réponse à son besoin continue de la rechercher, adulte, auprès de son compagnon. Et cette demande bien actuelle porte en elle la colère, la déception et la peur qui résultent du manque de père. Dans l'inconscient de cette femme-fille blessée, tout homme est assimilé au père manquant qui n'a pas su l'aider à acquérir l'estime de son sexe de femme. C'est blessée, dépréciée et dans un mouvement d'idéalisation du masculin qu'elle approche l'homme.

Lorsque l'identité présente cette fragilité, la différence attire parce qu'elle est nécessaire, on y recherche ce qui a manqué. Mais elle constitue en même temps une menace, étant donné le doute quant à sa propre valeur qui habite l'individu. Cela explique que la femme recherche la différence de l'homme, mais la perçoit négativement quand elle se manifeste, dès que celui-ci ne correspond pas à ses attentes, par exemple. Elle se sent alors rejetée.

La difficulté de concilier autonomie et relation amoureuse montre que la faille identitaire peut se situer du côté de la réalisation de soi ou encore de la confiance en sa féminité. En dernière analyse, le manque de père se solderait par l'impossibilité pour la fille de devenir une femme autonome, sujet de son désir: ou bien elle devient une femme mais reste dépendante, dans l'attente de l'homme et l'idéalisant, n'osant s'octroyer le droit d'avoir ses désirs propres, ou bien elle devient autonome mais doute de sa féminité, de sa capacité de plaire, ce qui peut la mener, dans les cas extrêmes, jusqu'à éliminer sa sexualité. Où se situe le manque du père pour que la femme soit si difficilement capable de se construire une identité solide, conciliant harmonieusement les éléments masculins de son identité avec sa féminité?

J'ai parlé au chapitre précédent de l'importance de devenir sujet unique, distinct de la mère, comme condition préalable et essentielle pour renoncer au rêve œdipien, s'affranchir du père et accéder à l'identité sexuelle féminine. La voie qui conduit à devenir un sujet désirant, tant pour le garçon que pour la fille, c'est l'identification au père. Lorsque la fille s'identifie à son père, elle ne veut pas devenir un homme, elle cherche simplement à lui ressembler dans son pouvoir décisionnel, sa volonté et son autonomie, bref sa condition de sujet. En même temps, elle lui voue un amour œdipien, bien féminin, où elle tente de déployer ses talents de coquetterie et de séduction. Elle cherche, par ce moyen, à être unie à lui en tant qu'objet d'amour et à partager avec lui le plaisir de la différence.

La fréquence des troubles identitaires chez les femmes laisserait croire que le père éprouve souvent du mal à se situer par rapport à ces deux demandes et à s'acquitter de sa double tâche, consistant, d'une part, à soutenir l'identification de sa fille à certains aspects de sa personnalité et, d'autre part, à mettre en valeur la féminité de celle-ci. S'il réussit à faire de sa fille un sujet autonome, c'est trop souvent parce qu'il ne l'a ni perçue ni considérée comme une femme! Pensons ici au père de Claude. Par ailleurs, lorsqu'il soutient sa féminité, c'est pour qu'elle demeure objet du désir de l'homme, et non pas sujet de son désir propre. Il est rare qu'il appuie les désirs personnels et les projets de réalisation de sa fille, en même temps qu'il met en valeur sa féminité. En assumant mal cette double tâche, il condamne sa fille à n'accéder jamais à son vouloir propre: soit qu'elle reste sans vouloir du tout et s'en remet à celui des autres, soit qu'elle développe un vouloir d'emprunt, à l'image de celui d'un homme et non un vouloir féminin.

Sans l'appui paternel pour construire son identité, la fille se trouve seule pour harmoniser en elle les identifications masculines et féminines. Elle doit lutter pour se différencier de sa mère et déployer beaucoup d'efforts et d'ingéniosité afin de devenir femme comme elle tout en devenant différente. Elle peut tenter de s'en affranchir seule en adoptant vis-à-vis de sa mère un comportement d'opposition. Elle refusera peut-être alors l'identification à la mère pour sauvegarder sa différence, mais ce refus l'éloignera de sa féminité. Elle pourra aussi s'identifier à la force de la mère, mais elle aura alors de la difficulté à se vivre différente et distincte d'elle. Sous les dehors d'une femme sûre d'elle, on trouvera une petite fille apeurée, timide et impuissante, car sa force restera finalement celle de la mère, sans jamais devenir la sienne.

Aucun de ces dénouements ne favorise l'accession à une identité féminine adulte harmonieuse. Au contraire, dans un cas comme dans l'autre, la femme reste dans une position infantile d'idéalisation et/ou d'attente envers le masculin, avouée ou non. Souvent l'agressivité envers la mère, sa semblable, accompagne l'idéalisation de l'homme. Cette agressivité, ajoutée à la colère et à la déception envers le père, contribue à l'éloigner de son identité sexuelle féminine.

Qui sont ces pères?

La peur d'être père

J'ai souvent constaté comme plusieurs de mes collègues que les hommes qui sont en thérapie parlent peu de leur paternité. Ce silence me semble cacher une peur reposant sur des doutes profonds quant à leur compétence en cette matière. Ils parlent de leurs enfants, mais non de leur paternité. Leurs propos révèlent parfois leurs inquiétudes au sujet du développement de leur fils, en qui ils se retrouvent plus facilement, ou bien leur plaisir de voir leur jolie petite fille les admirer et les chérir, ou encore les difficultés relationnelles qu'ils ont avec l'un ou l'autre. Quelles que soient leurs préoccupations, ils doutent de l'influence qu'ils peuvent avoir sur leurs enfants. Lorsqu'ils nous confient leur crainte de voir leur fils grandir mal, ils ne se figurent pas que leur expérience d'homme, qui leur a servi à surmonter les épreuves, peut les aider. On dirait qu'ils ne se sentent pas importants en tant que pères et qu'ils minimisent l'importance de leur rôle auprès de leur enfant.

Lorsqu'il s'agit de leur fille, l'identification étant moins facile, ils ont encore plus de mal à concevoir leur rôle auprès d'elle. Ils l'aiment, bien sûr, mais ne semblent pas comprendre l'importance qu'ils ont pour elle en tant que pères. Ils la voient parfois si différente d'eux qu'ils en sont intimidés et gardent leurs distances. Ils la considèrent souvent comme une personne agréable, jolie mais délicate, bref une petite poupée fragile. Ils sont sensibles à son regard admiratif et prennent plaisir en sa compagnie. A-t-elle besoin d'eux seulement pour s'amuser, et rien d'autre? Doivent-ils intervenir dans son éducation? Peuvent-ils lui servir de modèle et de soutien? Lui sont-ils aussi nécessaires que leur mère? Ils s'en remettent si commodément à cette dernière, sous prétexte qu'étant femme elle est mieux placée pour élever une fille, il est clair qu'ils ne sont pas conscients de l'importance de leur paternité auprès de leur fille. Ils se comportent envers elle comme un homme devant une petite fille, ou même devant une femme, non comme un père devant son enfant: ou bien ils sont fascinés et séduits, ou bien ils se montrent indifférents, quand ils n'ont pas tout simplement peur. Comment expliquer ce retrait par rapport à l'éducation de leur fille?

Les pères en manque de père

Pour que l'homme puisse exercer son rôle de père avec confiance, il faut que sa paternité prenne assise sur une identité sexuelle solide et souple. Or, bien souvent, ce n'est pas le cas. Depuis quelques années, plusieurs études et publications diverses, au Québec comme ailleurs, ont souligné la fragilité de l'identité masculine. On l'attribue en grande partie à l'absence des pères auprès de leur fils, ainsi qu'à l'omniprésence maternelle dans l'éducation des enfants (les hommes aussi manquent de père!). Pour ma part, j'ajouterais: «omniprésence féminine» vu le nombre très nettement supérieur de femmes chargées d'enseignement par rapport au nombre d'hommes, spécialement à l'école primaire.

Guy Corneau[24], et bien d'autres auteurs, ont insisté sur le fait qu'en raison de l'absence des pères auprès de leur fils, et particulièrement auprès de leur très jeune fils, l'identité masculine se développe non pas par rapport à un modèle masculin, mais dans l'évitement du modèle féminin et maternel omniprésent.

On connaît maintenant l'importance de la relation réelle entre le parent et l'enfant pour que les identifications s'intègrent harmonieusement à l'identité, qui se trouve fragilisée quand cette relation ne s'établit pas. Beaucoup d'hommes ont dû s'identifier à un père qui s'est dérobé à la relation. Le petit garçon en a été réduit à s'identifier à des rôles, à des comportements qu'il ne pouvait qu'observer à distance. Rarement lui a-t-il été possible de s'identifier à «l'être» de son père, car il lui aurait fallu pour cela le connaître, le sentir, être en relation et échanger avec lui sur ses pensées et ses forces, et aussi sur ses doutes et ses peurs. À défaut d'avoir pu s'identifier à un modèle présent, le garçon a dû se fabriquer sa propre définition de ce qu'est un homme. Bloqué par une identification primaire à la mère et contraint de se fier à de simples repères comportementaux du côté paternel, l'homme a souvent construit son identité masculine par opposition: être un homme, c'est être le contraire de la mère, c'est-à-dire ne pas être une femme. L'homme sait ce qu'il n'est pas, mais il ignore qui il est. Définir ainsi son identité par la négative ne contribue ni à sa solidité ni à sa souplesse.

En raison de l'absence de soutien paternel à l'identification, de l'omniprésence maternelle et de l'obligation de se définir «contre» la mère, le petit garçon grandit dans la peur de sa mère, avec la

---

24. L'ouvrage populaire qui a rejoint un grand nombre d'hommes et les a éveillés à leur souffrance est sans doute le livre de Guy Corneau déjà cité, *Père manquant, fils manqué,* auquel je renvoie le lecteur. L'auteur y décrit bien la problématique qui nous occupe et je n'en reprendrai ici que les grandes lignes pour comprendre la peur des hommes par rapport à leur responsabilité de père, et jeter un éclairage sur les raisons qui font que la rencontre entre père et fille est souvent une expérience aussi difficile pour l'un comme pour l'autre.

crainte d'être enfermé dans une identité féminine. Toute sa vie il demeure en lutte contre cette menace, et tout ce qui lui rappelle la proximité maternelle, de près ou de loin, le place en position défensive. Sa peur est ainsi transférée sur la femme qui, par la simple réalité de son sexe, lui rappelle à tout instant la mère. La fragilité d'une identification édifiée sur le négatif contribue à rigidifier les repères de l'identité, ce qui place l'homme toujours en état d'alerte lorsque son identité est menacée par la différence de l'autre.

Cette peur de la femme ne relève pas seulement du fantasme, car les mères contribuent souvent, sans le savoir, à la perpétuer. Elles-mêmes ont souvent été mal paternées et présentent une identité fragile. Elles doutent d'elles-mêmes, se sentent vides et sans valeur. Trop souvent, seule leur maternité vient compenser ces sentiments. Là, elles se sentent enfin utiles, enfin quelqu'un, et c'est parfois aussi le seul lieu où elles peuvent exercer un certain pouvoir. Elles s'investissent alors dans leur rôle de mère avec ferveur et deviennent effectivement omniprésentes. Elles ne cèdent qu'avec peine du terrain au père, leur maternité étant le seul garant de leur valeur personnelle. L'accession des femmes au marché du travail n'a pas encore vraiment modifié cette attitude (souvenez-vous de Claude). Les changements intérieurs accusent toujours un retard.

Leur fils, dont le sexe leur rappelle naturellement le père manquant, est souvent l'objet d'un investissement plus grand. Elles attendent de lui qu'il comble le vide du père, parfois même l'absence du conjoint. Devant une telle demande, le garçon craint à juste titre d'être englouti. Devenu homme, il garde cette même crainte devant la femme qui l'aime et ses peurs se trouvent confirmées par les attentes énormes de cette femme, qui a tant besoin d'être reconnue! La réalité ne justifie cependant que partiellement les appréhensions de l'homme. Oui, il est vrai que cette femme a de grandes attentes, mais si les hommes ont peur, c'est qu'ils perçoivent en elle la mère risquant de les dévorer et qu'ils se sentent toujours autant démunis devant elle que des petits garçons... En réalité cette femme n'est qu'une petite fille blessée, en manque de reconnaissance par le père, elle se sent faible et sans consistance...

La fragilité de l'identité masculine et la peur de la paternité

Comme je l'ai mentionné, selon moi, les hommes s'octroient trop peu d'importance dans leur rôle de père. Ils n'ont généralement pas confiance en leur talent d'éducateur ni en leur sensibilité à percevoir avec justesse les besoins de leur enfant, particulièrement ceux de leur fille, ni en ce qu'ils sont en mesure de leur donner. Mon expérience de thérapeute m'a pourtant plus d'une fois démontré que cette sensibilité existe bel et bien, que l'homme perçoit souvent correctement les besoins et les difficultés de l'enfant, parfois même mieux que la mère, trop proche de lui. Si les hommes parvenaient seulement à se faire un peu plus confiance, ils auraient beaucoup à dire et pourraient apporter à leurs filles une grande aide.

Pourquoi ont-ils si peu confiance en leurs sentiments, en leur perception des situations relationnelles et en leur paternité? Depuis longtemps, sentiments et éducation sont considérés comme le domaine des femmes. On a vu d'ailleurs, dans l'exemple de Claude, qu'elles y sont bien souvent attachées et ne laissent pas facilement leur conjoint s'y aventurer. Les hommes, déjà peu confiants et craignant en pénétrant sur ce territoire de se retrouver trop proches du féminin, n'osent pas imposer leur façon de voir. Encore une fois, il y a confusion entre identité de rôle et identité sexuelle. La sensibilité n'est pas l'apanage des femmes, elle est une caractéristique de l'être humain. Et l'éducation des enfants n'est pas plus une affaire d'homme que de femme. Pour un homme, parler de ce qu'il ressent, ce n'est pas être femme, mais exprimer ses sentiments d'homme. Assumer sa tâche d'éducateur, ce n'est pas mettre pied sur le terrain de la femme, mais s'occuper de ce qui le concerne en tant que père. Il ne s'agit pas de disputer à l'autre les droits exclusifs sur les sentiments et les enfants, mais bien de prendre la place qui lui revient.

La peur de la paternité chez l'homme va de pair, selon moi, avec cette peur de la mère bien ancrée dans l'inconscient masculin. Prendre sa place de père exige de l'homme qu'il se considère l'égal de la mère. Mais n'est-il pas de femme mieux placée qu'elle pour réveiller l'imago maternelle enfouie dans l'inconscient de l'homme et le faire fuir?

Les hommes ont manqué de modèle de paternité. De plus, il leur faut se situer par rapport à leur femme, la mère de leur enfant. Il leur est donc souvent ardu de vivre leur paternité en fonction d'eux-mêmes, à partir de leurs propres critères, en se posant comme le père de l'enfant. Ils la vivent d'abord en référence à la mère, la leur et celle de leur progéniture. Ils ajustent leur comportement à celui de la mère de l'enfant et à ce qu'elle pense. Si leurs opinions diffèrent de celles de la mère, ils craignent de l'affronter. Certains hommes se sentent en concurrence avec la mère pour obtenir l'amour de l'enfant. D'autres se laissent tout simplement évincer, comme s'ils étaient une quantité négligeable.

Pourtant, les enfants, les garçons comme les filles, ont besoin de l'intervention du père, ils ont besoin de son point de vue et de sa sensibilité, *justement parce qu'il est différent*. Alors, pères, prenez votre place auprès de vos enfants, ils vous attendent! Il se peut que vous ayez à ouvrir une porte close, à bousculer les habitudes de votre femme, et cela ne manquera pas de créer un déséquilibre. Il vous faut croire en ce que vous avez d'original à apporter, sans que cela vous mette en concurrence avec la mère. Il vous faut oser accepter ce déséquilibre temporaire dans votre famille, pour le grand bien non seulement de votre enfant, mais aussi pour le vôtre, celui de votre femme et celui de votre couple. Une fois le premier malaise surmonté, chacun s'en trouvera mieux: l'enfant, parce qu'il pourra avancer sur une voie ferrée dont les deux rails le portent bien; votre femme, puisqu'elle pourra, soulagée d'une partie de ses responsabilités, se consacrer à d'autres intérêts et y trouver l'estime de soi qui lui manque; et vous-même, car vous reprendrez confiance en vos capacités. Si chacun parvient à consolider sa propre identité, tous craindront moins la différence, et la rencontre du couple sera facilitée.

QUAND PÈRE ET FILLE SE RENCONTRENT...

La relation entre père et fille se construit sous le signe de la différence: celle des sexes et celle des générations. Il s'agit là d'un défi considérable pour le père comme pour la fille car, nous l'avons vu, la différence ne se laisse pas aborder impunément, surtout quand les bases de l'identité sont faibles. Tel est certainement le cas de la petite fille dont l'identité reste à construire, et bien souvent aussi du père, dont l'histoire personnelle peut avoir laissé des plaies vives au sein de son identité.

Dans cette rencontre, chacun approche l'autre avec ses caractéristiques propres. La petite fille va vers son père avec son tempérament, ses émotions, sa personnalité et son identité naissantes, donc fragiles, avec son immaturité et sa différence qu'elle connaît mal, bref avec toute sa subjectivité. Le père se présente lui aussi à sa fille avec son tempérament, mais avec en plus sa personnalité, son identité et sa masculinité d'adulte, avec ses émotions, ses conflits, ses blessures et les défenses qu'il a développées pour s'en protéger. Il porte souvent en lui les stigmates de sa relation avec son propre père, par rapport à qui il doit se situer dans cette nouvelle paternité, et de sa relation avec sa mère et les autres femmes de son histoire, toutes rencontres qui ont pu laisser en lui de bons ou de mauvais souvenirs. C'est à travers cette subjectivité imprégnée de souvenirs de toutes sortes qu'il va percevoir sa fille.

On devine déjà, avec tous ces facteurs qui sont en jeu, que le premier contact ne sera pas forcément simple et que plusieurs embûches attendent la fille et le père. Quelles sont les conditions nécessaires pour que l'arrimage réussisse, c'est-à-dire pour que les rouages du père s'unissent bien à ceux de la petite fille? Vont-ils naturellement bien s'imbriquer et lancer la machine développementale sur les rails? Ou leur rencontre les fera-t-elle grincer, se heurter, et peut-être même avec violence? En ce cas, c'est la petite fille qui encourt les blessures les plus graves, en raison de son immaturité, de l'ampleur de ses attentes et de la fragilité de son identité naissante. Le père aussi peut en sortir meurtri, surtout s'il portait déjà d'anciennes blessures encore vivantes laissées par ses rencontres avec les diverses femmes de sa vie, et surtout sa mère. Mais, étant donné son âge et parce que ses attentes ne sont probablement pas du même ordre (encore qu'il existe des situations où les attentes du père sont très grandes...), ses meurtrissures auront moins de conséquences fâcheuses.

Côté cour: une petite fille à la recherche d'un héros

Le père que la petite fille attend, espère et recherche activement est un père de *besoin,* pas le père réel qu'elle va concrètement rencontrer. Je m'explique. Le besoin du père se fait sentir dès le plus bas âge. Mais c'est probablement entre deux ans et deux ans et demi que la petite fille prend vraiment conscience de cet adulte et de tout ce qu'il peut lui apporter. Pourquoi à cet âge? C'est qu'à ce moment l'enfant découvre la différence des sexes et s'interroge sur le pourquoi de cette réalité. C'est donc une étape charnière dans la constitution de l'identité de la petite fille.

Elle prend conscience alors non seulement de la différence des sexes, mais aussi de sa dépendance et de son impuissance par rapport aux adultes qui s'occupent d'elle, particulièrement sa mère. Elle se rend compte de ses limites, de ce qui lui manque, et c'est une dure épreuve pour son estime d'elle-même. Elle aurait tant aimé continuer de se croire le centre de l'univers de sa mère, peut-être aussi de celui de son père, si elle a eu la chance qu'il ait été présent depuis sa naissance. Mais elle découvre que ses parents n'ont pas qu'elle dans la vie, qu'ils ont aussi leur relation de couple, dont elle est exclue. Elle aurait également voulu continuer de penser qu'elle peut tout réussir et tout posséder, comme le rêvent à cet âge tous les enfants. Mais telle n'est pas la réalité et il est au moins une chose qu'elle ne possédera jamais: un pénis comme celui des petits garçons. De plus, lorsqu'elle se compare à sa mère, c'est encore à son désavantage: elle n'a pas de seins et pas d'enfants. Alors, qu'a-t-elle en propre? Comment croire en sa valeur?

Elle se sent petite, dépendante de maman, elle est triste et déçue de n'être que ce qu'elle est. Elle veut grandir, pour acquérir les attributs de ces adultes qu'elle envie. Elle veut comprendre comment on y arrive, comment on peut, en grandissant, ne plus dépendre de maman et devenir une femme qui puisse plaire à papa. Autant de questions qui se présentent à elle et qui paraissent insolubles. Elles vont occuper son esprit pendant quelques années. Une amie me rapportait les paroles de sa petite fille de quatre ans. Sérieuse, elle observait sa mère s'affairer et semblait plongée dans une difficile réflexion. Soudain, elle lui a demandé: «Maman, dis-moi, comment est-ce que je vais faire pour me décoller de toi?» Voilà bien le problème qui soulève le plus d'inquiétude chez cette enfant qui cherche à grandir, à se différencier de sa mère tout en devenant une femme comme elle.

C'est à cet âge et dans cet état d'esprit que la petite fille se tourne vers le père avec l'espoir de prendre appui sur lui dans sa quête d'identité. Étant donné l'immaturité de l'enfant et l'ampleur de la tâche qui l'attend, à ses yeux de petite fille, le besoin du père est énorme. Ce père est, pour elle, un être tout-puissant, très grand et très fort, avec une voix qui l'impressionne parfois. Elle le regarde, remplie d'admiration, peut-être un peu craintive parce qu'on ne peut que craindre un être à qui l'on prête autant de pouvoir. En réalité, il est pour elle une sorte de héros, de superman, de dieu. Il sait tout, il a réponse à tout, il peut tout régler, il est sans défauts. Il est son idole, son idéal, et il devient bientôt aussi son prince charmant. Bien sûr, un tel besoin implique un espoir tout aussi démesuré.

Quel père réel peut répondre à tant d'attentes? Aucun, et c'est pourquoi je dis que le père espéré par la petite fille est un père de besoin. C'est un père idéalisé, mythique, bien plus qu'un père réel. Elle ignore encore que le père qu'elle va rencontrer est loin de correspondre à celui qu'elle attend!

Son besoin de lui est avant tout un besoin d'amour. Lorsqu'on idéalise autant quelqu'un, on le considère comme l'unique détenteur de toutes les forces et de toutes les qualités: il en reste alors bien peu pour s'estimer soi-même. Dépréciée à ses propres yeux, il lui faut absolument cet être qu'elle idéalise et aime. Être aimée par celui qui possède toutes les qualités fait automatiquement rejaillir sur elle une partie de ces qualités. C'est ainsi qu'à travers l'amour que lui porte son père qu'elle admire[25], elle construit peu à peu son estime de soi, ce que les psychanalystes appellent son narcissisme.

Côté jardin: un père qui n'est pas un dieu, mais simplement un homme

Je vois d'ici les pères ployer sous la charge écrasante des attentes de ces petites filles assoiffées d'eux... Ils le savent, ils ne sont pas ces héros, ces supermans, encore moins ces dieux de leurs rêves. Non, ils sont des hommes, c'est-à-dire imparfaits, avec leurs qualités et leurs défauts, leurs forces et leurs faiblesses, leurs réactions émotives, leurs sympathies et leurs antipathies.

«Je ne serai jamais à la hauteur de telles attentes!» Je rassure tout de suite le père: la tâche n'est pas aussi énorme que ce petit bout de femme en devenir le pense! Heureusement, car l'arrimage entre eux serait tout simplement impossible! Non. La petite fille

---

25. Le même phénomène se produit également par rapport à la mère. Il est intéressant de souligner que tout ce qui concerne ici les attentes de la petite fille vis-à-vis de son père peut s'appliquer au petit garçon qui traverse la même phase de développement.

possède, sans le savoir, une capacité d'ajuster ses attentes à ce qui est possible réellement. Si son besoin de reconnaissance, c'est-à-dire son besoin de trouver un appui auprès de son père pour asseoir le développement de son Vrai Soi et de sa féminité, reçoit une réponse satisfaisante dans un climat d'amour et d'échange, la fille réussit à se construire une identité saine.

Le succès de l'arrimage entre père et fille

Pour s'épanouir, cette capacité d'adapter ses attentes à la réalité doit être soutenue par l'amour du père. C'est par le sentiment d'être aimée de lui que la fille va apprendre à s'aimer elle-même, à s'accorder de la valeur et à se faire confiance. Et, parallèlement, l'amour qu'elle lui porte et qui trouve une réponse, l'amour partagé, l'aide à accepter les désillusions inévitables, et même nécessaires, inhérentes à son développement. Tant mieux si le père n'est pas ce héros invincible dont la fille rêve. S'il l'était, elle ne parviendrait jamais à le descendre de son piédestal et ne pourrait donc jamais s'accorder à elle-même de la valeur. Un père aimant sur qui elle peut compter, confiant en lui-même, qui a ses limites et les assume, aide sa fille à s'aimer elle-même et à se découvrir bonne, aimable et forte dans sa féminité, et elle aussi ayant ses propres limites, comme tout être humain.

L'aptitude à ajuster ses attentes s'insère dans le processus d'acceptation de la réalité. S'accepter tel que l'on est, avec ses défauts et ses qualités, accepter aussi que l'autre soit ce qu'il est, c'est-à-dire imparfait, c'est à ces conditions qu'on devient un adulte autonome, capable d'établir des relations saines et relativement satisfaisantes avec son entourage. Cela est nécessaire pour bien vivre sa différence et celle de l'autre, y trouver du plaisir et la rechercher comme un enrichissement.

J'ai mentionné que l'amour du père est indispensable pour que la petite fille parvienne à accepter la réalité. Il ne faudrait cependant pas croire que la responsabilité du succès de cette relation se trouve uniquement du côté du père. La rencontre entre le père et sa fille est un ajustement réciproque, et son succès dépend de l'un comme de l'autre.

Du côté de la fille, une condition essentielle doit être remplie: il faut qu'elle aime son père, qu'elle se sente attirée par lui. Vous me direz que cela va de soi! Eh bien! non, pas nécessairement. L'ajustement réciproque entre enfant et parent est en premier lieu une question de compatibilité des tempéraments. Le tempérament est ce qui nous vient en naissant et qui nous caractérise. Certains bébés sont plus agressifs, plus actifs ou exigeants, alors que d'autres se montrent naturellement plus calmes et accommodants. Chaque nouveau-né interagit avec son environnement à partir de modalités qui lui sont propres. Par exemple, même si tous les nourrissons entrent en contact avec l'extérieur à l'aide de leurs sens, celui-ci est manifestement plus auditif que visuel, celui-là est plus porté à sentir qu'à toucher, etc.

C'est donc avec ses caractéristiques personnelles que le bébé-fille rencontre son père. Elles interviennent très tôt dans le développement de la sympathie ou de l'attirance que la fille ressent à son endroit. Si elle l'aime et que son sentiment reçoit une réponse favorable, la rencontre s'amorce bien et la suite s'annonce de bon augure. Une fois ce premier contact établi, il s'effectuera ensuite progressivement un ajustement, selon les lois de la communication circulaire: la réponse du père en déterminera une autre de la part de la fille, qui influencera à son tour celle du père, etc., toujours dans le sens d'un renforcement réciproque.

Du côté du père, la même condition de base prévaut: son tempérament doit bien s'assortir à celui de sa fille. Dans cette nouvelle rencontre, on serait porté à croire que parce qu'il est l'adulte, donc en principe plus raisonnable, il sera celui des deux qui aura le plus de facilité à s'adapter. Eh bien, non! Il se trouve en fait défavorisé par rapport à sa petite partenaire. Elle possède l'avantage de sa jeunesse et de son innocence en matière de relations humaines. Aucune blessure ne l'a encore rendue craintive et mise sur la défensive. C'est avec ouverture et réceptivité qu'elle aborde cette relation, ce qui lui permet beaucoup plus de flexibilité pour s'ajuster à ses vis-à-vis. Le père arrive, quant à lui, avec son bagage d'expériences, plus ou moins blessé, plus ou moins confiant. Son histoire relationnelle avec les femmes a pu laisser en lui des idées préétablies de ce que sera son lien avec son enfant. Sa personnalité et son identité déjà constituées le rendent moins souple pour s'adapter à la différence de sa petite fille.

Pour que leur rencontre soit un succès, il faut en premier lieu que l'homme ait confiance en lui, en ses capacités de père, et il doit posséder la conviction qu'il peut apporter quelque chose à sa fille. Conscient que sa masculinité lui est nécessaire et indispensable, il faut aussi qu'il ait gardé assez d'ouverture de cœur pour accepter la nouveauté de ce lien hétérosexuel. En d'autres mots, il doit avoir une identité sexuelle bien assumée, afin d'être assez souple pour intégrer cette nouvelle expérience qu'est la paternité. S'il a cette confiance en lui, il ne craindra pas de décevoir les attentes de sa fille et croira au contraire qu'une certaine désillusion est obligatoire. Il saura aussi faire face aux inévitables moments de contestation et d'agressivité qui ne manqueront pas de se présenter.

Une relation assez satisfaisante avec sa conjointe, la mère de sa fille, aide beaucoup à la réussite de cette rencontre. Si le père trouve la satisfaction de ses besoins affectifs dans sa relation de couple, il lui sera probablement plus facile d'évaluer et de maintenir la distance qu'il faut entre lui et sa fille: suffisante pour qu'elle se sente aimée et reconnue, mais assez grande pour éviter que la relation ne se sexualise et n'enferme la fille dans un Œdipe sans fin.

Dans les cas de séparation ou de divorce, la tâche peut se révéler plus difficile pour le père, mais elle n'est toutefois pas impossible à accomplir. Si la relation avec sa fille est bonne, le risque qu'il encourt est de reporter sur elle ses besoins d'affection, et de compliquer ainsi la résolution de son Œdipe. Il doit continuer de rechercher la satisfaction de ses besoins ailleurs, auprès d'une autre femme. La mère de sa fille et lui doivent également partager des vues communes sur son éducation, et leurs relations avec elle ne doivent pas s'établir dans un climat de compétition pour l'obtention de son amour.

Les pièges de la rencontre entre le père et sa fille

Pour la fille comme pour le père, cette relation se déroule dans la complémentarité œdipienne. Le père approche sa fille avec toute sa masculinité et sa sexualité d'homme. Il se trouve d'entrée de jeu inconsciemment placé dans une situation qui lui rappelle son propre Œdipe et, vu la réalité immédiate de son corps de femme, la petite fille est toute désignée pour recevoir ses projections de l'imago maternelle. Il va revivre à travers elle ce qu'il a vécu avec sa propre mère, tant les attirances et les bons souvenirs que les difficultés, les conflits et les mauvaises expériences. Il est alors possible qu'il déplace, à son insu, un élément conflictuel de sa relation avec sa propre mère sur sa fille, et qu'en réalité certains de ses sentiments et certaines de ses réactions ne soient pas véritablement adressées à sa fille.

Un des pièges qui guette le père dans sa rencontre avec sa fille provient de cette assimilation qu'il effectue inconsciemment entre sa mère et sa fille: c'est la peur de la femme, dont nous avons déjà parlé, héritage de la relation du petit garçon avec une mère trop présente. Elle peut partiellement expliquer pourquoi les pères ont si souvent du mal à soutenir le développement de l'autonomie de leur fille. S'ils repoussent ses désirs d'identification, c'est souvent par peur d'en faire un homme. Ils renforcent ainsi une féminité définie par le désir de l'homme, au détriment des qualités d'affirmation de soi et de saine utilisation de l'agressivité. Certains pères parviennent à soutenir l'autonomie de leur fille, mais en considérant celle-ci comme un double d'eux-mêmes, une sorte de femme masculine. D'autres savent appuyer les initiatives de leur petite fille, mais lorsqu'elle devient une adolescente et qu'elle affirme son propre désir, ils se sentent déconcertés, elle leur semble tout à coup se comporter «comme un homme». Ils se mettent alors à rejeter ce qu'ils ont précédemment encouragé. Ils ont tellement de difficultés à guider leur fille vers l'autonomie, qu'on peut se demander si les pères n'auraient pas peur de contribuer à la formation de femmes fortes et sûres d'elles-mêmes, capables de s'affirmer et d'assumer leur propre désir féminin. Cette peur ne recouvre-t-elle pas encore celle de la mère trop présente, dont il faut contrôler la puissance? En agissant ainsi, ils n'en ont pas conscience, ils perpétuent une situation dont ils ont eux-mêmes souffert. Leur fille ne pouvant développer sa confiance en elle risque de devenir à son tour une mère envahissante.

Le risque, pour le père, de déplacer sur sa fille les désirs œdipiens qu'il ressentait pour sa mère, surtout s'ils n'ont pu se résoudre au moment opportun, constitue un autre danger. Cette situation engendre un climat incestueux, sans passage à l'acte, dont j'ai parlé au chapitre précédent. Le père est trop présent, surprotège sa fille, se montre jaloux de ses fréquentations masculines, compétitionne avec ses prétendants, etc.

Le père peut aussi se trouver inconsciemment piégé par cette montée de désir œdipien à l'endroit de sa fille et s'en protéger en restant très loin d'elle, ou encore en réagissant à ses tentatives de rapprochement par un excès d'agressivité. On voit cette agressivité se développer chez un père au moment de la poussée pubertaire de sa fille, alors qu'il s'était jusque-là montré très sensible à l'admiration de sa petite princesse et avait développé avec elle une relation très étroite. Il prenait plaisir à sa compagnie, lui réservait des traitements de faveur, etc. La petite fille étant une enfant, le père était peu conscient du climat sexualisé de leur relation. Comment peut-on résister au charme du sourire et de l'admiration de cette jolie petite enfant? Mais voilà, quand la fille devient pubère, que ses formes s'affirment et que la poussée instinctuelle la rend plus sensuelle et plus séductrice, le père ne peut plus être dupe de ce qu'il ressent. Il peut se troubler et ne plus savoir comment réagir. Il met alors beaucoup de distance entre sa fille et lui, devient plus exigeant, plus cynique et plus critique, surtout à l'endroit de ses fréquentations masculines. L'adolescente, habituée à l'affection et au respect paternel, ne comprend pas ce changement subit, elle l'interprète comme un rejet de sa féminité naissante ou de ses désirs légitimes d'émancipation.

SE COMPRENDRE POUR SE RAPPROCHER

La rencontre entre un père et sa fille est difficile et affronte une multitude d'obstacles. Les risques de blessures de part et d'autre existent, des blessures qui peuvent avoir des conséquences à long terme sur l'identité de la fille. Les difficultés qui parsèment la relation entre l'homme adulte et la femme en devenir prennent racine dans les mêmes profondeurs inconscientes qui compliquent toute relation entre hommes et femmes. Elle porte non seulement tous les préjugés sociaux, mais aussi, ce qui est plus difficile à contrôler et à éviter, tous les fantasmes inconscients qui structurent nos échanges relationnels et véhiculent nos représentations mythiques de l'homme et de la femme, du père et de la mère. Le mythe de la mère toute-puissante et dangereuse et celui du père héros et infaillible pèsent lourd dans la relation humaine entre un homme réel, avec ses forces et ses faiblesses, et une petite fille qui a un grand besoin de lui.

Une meilleure compréhension des forces inconscientes en cause est nécessaire pour rapprocher les pères et les filles. Pour certaines femmes adultes, blessées par le manque de père, cela oblige à une réconciliation avec un homme sans doute meurtri, lui aussi, qui n'a pu leur apporter ce qu'il n'a pas reçu lui-même. Quant aux nouveaux ou aux futurs pères, mieux comprendre peut les aider à aller vers leur fille avec plus de confiance et à faire de leur rencontre une expérience humaine heureuse, malgré son imperfection.

CHAPITRE VI

Sortir du cercle vicieux

Le chemin de la réconciliation

> *... il ne s'agit pas d'opposer le monde du père à celui de la mère, mais au contraire de les réunir. C'est leur conjonction qui est féconde à tous les niveaux.*
>
> Janine Chasseguet-Smirgel,
> *Les deux arbres du jardin*

LA SOUFFRANCE PARTAGÉE

Les blessures de l'être sont présentes chez de nombreux individus. Pour les hommes comme pour les femmes, la fragilité de l'identité provient fréquemment d'un manque de père. Il s'agit en quelque sorte d'un héritage de l'inconscient collectif sur lequel est érigée notre organisation sociale. Les deux rails de la voie ferrée sur laquelle avance l'enfant, garçon ou fille, sont loin d'être égaux et parallèles.

En raison de l'absence des pères auprès des enfants, absence réelle ou qualitative, hommes et femmes sont tous deux laissés seuls devant le pouvoir maternel, et tous deux en ont peur. À l'âge adulte, il résulte de cet état de fait des hommes qui craignent les femmes, imaginées trop fortes, et des femmes avides d'une reconnaissance de la part d'un homme. Leurs blessures mutuelles ne favorisent pas la rencontre hétérosexuelle. Au contraire, elles contribuent à les enfermer dans un cercle vicieux de souffrances et d'incompréhensions. Les attentes de la femme sont énormes, et l'homme s'en effraie, car il craint d'être à nouveau emprisonné. Plus il s'alarme et recule, plus la femme s'accroche, et plus elle s'accroche, plus l'homme fuit. Personne n'est coupable de cette situation, elle est le fruit d'une longue histoire où le manque de père a dominé. Chacun est cependant responsable des efforts à effectuer pour sortir de l'impasse.

Individuellement et collectivement, il nous faut prendre conscience de ce cercle vicieux et comprendre que nos contemporains ne sont pas responsables de nos peurs et de nos manques. Chacun se doit de soigner en lui-même ses propres blessures. Nous devons chercher ensuite ensemble, hommes et femmes, des solutions créatrices, sans nous accuser réciproquement.

Le dernier chapitre sera consacré à une réflexion sur les moyens dont nous disposons pour panser ces blessures de père et inventer de nouvelles manières d'être. Je traiterai la question d'abord dans une perspective individuelle, en cherchant comment la femme peut guérir de sa douleur. Puis je m'interrogerai sur la façon de sortir du cercle vicieux dans lequel les hommes et les femmes sont enfermés en jetant un regard sur notre fonctionnement collectif.

GUÉRIR AU FÉMININ SINGULIER

Souffrir dans son identité, pour une femme, n'est pas chose rare. Chacune a sa propre histoire développementale ponctuée de blessures plus ou moins importantes. Ces blessures, il faut apprendre à les reconnaître, pour être en mesure de les soigner d'abord, mais aussi pour les apprivoiser et découvrir les forces qu'elles recèlent. Notre histoire individuelle a façonné notre originalité, qui fait notre richesse. Si la souffrance est inévitable et fait partie intégrante de la condition humaine, elle peut aussi, lorsqu'elle est comprise et soignée, nous aider à avancer, à nous fortifier et à faire progresser les autres autour de nous.

Guérir au féminin singulier, cela veut dire travailler à améliorer notre représentation de nous-mêmes en tant que femmes, apprendre à nous accepter telles que nous sommes, à nous aimer malgré et avec nos manques et nos failles. Nous soigner, c'est prendre le temps de nous découvrir, de développer nos possibilités, de chercher à nous valoriser nous-mêmes au lieu de nous en remettre à l'homme. Nos partenaires masculins n'ont pas à réparer la brèche laissée en nous par le manque de père. Ils ont déjà beaucoup à faire pour panser leurs propres blessures!

Bien sûr, il faut encore des changements pour donner à la femme une vraie place de sujet dans notre organisation sociale. Mais les changements s'effectuent très lentement et, de toute façon, ils ne parviennent jamais à effacer les malaises individuels. C'est par un travail personnel sur soi que ces malaises ont des chances de s'atténuer. Lorsque nous en arrivons à nous apprécier nous-mêmes et à nous réconcilier avec notre passé, nous sommes surprises par les horizons qui s'ouvrent devant nous. Lorsque nous soignons nos malaises, notre système de défense devient inutile. Nous sommes plus ouvertes, nous devenons moins exigeantes, plus autonomes. Nous pensions ainsi faire fuir les hommes, mais nous découvrons qu'ils apprécient notre indépendance. Alors que nous nous croyions isolées, des gens viennent vers nous. Nous qui avions peine à nous affirmer, voilà que les autres nous respectent et nous prennent comme modèles.

Apprendre à se connaître et se changer soi-même, c'est la voie la plus sûre vers la guérison. Avec quelle facilité ne repérons-nous pas le moindre défaut chez l'autre. Avec quelle aisance n'accusons-nous pas pères et maris de nos maux. Si le père manquant est souvent à l'origine de nos difficultés, la responsabilité de continuer à souffrir nous incombe toutefois entièrement. Enfants, nous avions besoin de lui et n'avions d'autre choix que de composer avec ce qu'il nous offrait ou nous refusait. Nous avons grandi en apprenant à nous regarder par ses yeux. Adultes, nous avons maintenant le pouvoir de modifier ce regard que nous portons sur nous-mêmes. Nous ne pouvons pas changer le passé, ni notre père, mais nous pouvons nous libérer de son influence si elle a été néfaste.

Guérir de la blessure du père, cela ne veut pas dire faire disparaître toute fracture que cette relation a pu laisser au sein de notre identité. Certaines blessures peuvent être traitées, mais d'autres resteront toujours présentes. Une fois l'identité constituée, elle devient une structure relativement rigide et il est presque impossible de la modifier, surtout si elle comporte des failles importantes. Mais il est possible d'en atténuer la souffrance, de faire en sorte qu'elle nous perturbe moins dans notre vie quotidienne et nos relations. On ne soupçonne pas la quantité d'énergie utilisée à se défendre contre des plaies enfouies dans les profondeurs de notre oubli. Se réapproprier son histoire, comprendre ce que sont ces blessures et comment elles nous nuisent jour après jour permet de dégager une énergie qui libère le quotidien et nous donne la possibilité de mieux profiter des bons moments. Une mauvaise connaissance de soi provoque, à notre insu, la répétition de situations rappelant le traumatisme d'origine. S'efforcer de mieux se connaître aide à éviter ces pièges qui, au lieu de soigner la blessure, ne font que l'aggraver.

Soigner la blessure du père, c'est retrouver sa colère

J'ai mentionné à plusieurs occasions l'immense colère engendrée par l'absence de réponse du père aux besoins de la petite fille. Nous en avons la plupart du temps oublié l'importance une fois devenues adultes. Une colère écartée de la conscience trouve cependant toujours à se manifester d'une façon ou d'une autre, par des voies détournées.

Certaines femmes la reportent sur d'autres hommes. C'est ainsi que le conjoint qui ne répond pas aux attentes de reconnaissance de sa compagne se voit devenir la cible d'une animosité souvent disproportionnée à la situation. De nombreuses tensions dans les couples résultent de ce déplacement sur le partenaire amoureux de la colère destinée originellement au père. D'autres femmes la reportent sur toute figure représentant l'autorité masculine, ce qui vient souvent compliquer les relations de travail. La femme aux prises avec une colère de petite fille peut vouloir écraser les succès de ses collègues masculins, les envier ou tenter de les concurrencer exagérément.

La colère oubliée peut aussi se retourner contre soi. Elle se manifeste alors par des malaises physiques, des angoisses diverses, des sentiments dépressifs, des pensées suicidaires, des comportements d'autopunition ou des blocages de toutes sortes.

Il n'est pas facile de s'avouer que cette colère s'adresse en réalité à notre père. Inconsciemment, la femme cherche toujours à protéger l'image de celui qui fut son héros. Elle s'efforce d'enfouir au plus profond d'elle-même les images du père haï, qui cherchent alors d'autant plus à s'imposer. C'est ainsi qu'elles vont se superposer aux visages des hommes qu'elle rencontre et agir comme un filtre déformant aux couleurs du père. Cette superposition s'effectuant inconsciemment, la femme se trouve devant un mirage, devant quelque chose qui n'existe pas ou n'ayant qu'une lointaine parenté avec l'image d'origine. Ces «erreurs sur la personne» contribuent aux malentendus entre les hommes et les femmes. Le partenaire se voit accusé sans comprendre pourquoi et il ne se sent pas reconnu dans ce qu'il est. Il se fâche et devient distant ou rejette simplement sa conjointe.

Lorsqu'on parvient à retirer ce filtre et à le replacer là où il doit être, on redécouvre l'homme qui nous fait face et on parvient à mieux départager ce qui lui appartient de ce que nous interprétions avec nos lunettes déformantes. Il est alors possible de ne pas faire inutilement à nos compagnons et à nos collègues des reproches qu'ils ne méritent pas, et nos relations avec eux en sont facilitées.

Reporter notre colère sur celui qui en est vraiment à l'origine ne suffit pas à guérir notre blessure. Au contraire, elle ne fait souvent que s'exacerber, puisque nous ne pouvons plus tenir le conjoint ou le patron pour responsable de notre souffrance, pas plus qu'il nous est possible de modifier la situation qui l'a provoquée. Lorsque nous avons retrouvé notre vraie colère d'enfant, il nous faut la dépasser si on veut vraiment libérer l'énergie inutilement bloquée par ce vieux conflit.

Soigner la blessure du père, c'est retrouver sa peine

Cette étape est sans doute la plus difficile et bien des femmes ne parviennent pas à la franchir. Le risque qu'elle comporte pour la femme est de s'ancrer dans une attitude de revendication et d'adopter une position de victime. Même si la colère peut être justifiable, il est inutile de s'y accrocher. Cette attitude cache souvent le refus d'accepter la réalité telle qu'elle a été, celle d'une enfance difficile, d'un père qui nous a douloureusement manqué. Il ne mène à rien de revendiquer l'impossible: être furieuse contre ce qui a eu lieu ne changera pas le passé. Toute l'énergie contenue dans cette rage sans bornes pourrait être canalisée pour mieux vivre les années qui sont devant nous.

La seule façon d'apaiser la colère, c'est de faire le deuil de ce qui n'a pas été. Cela veut dire retrouver sa peine d'enfant, la vraie. Pas vivre dans la nostalgie du père perdu: être nostalgique, c'est regarder uniquement vers le passé, se focaliser sur ce qui a manqué et ignorer ce qui existe maintenant. Ce n'est pas tomber non plus dans la dépression: être déprimé, c'est se cacher sa colère et la retourner contre soi. Non, ce qu'il faut retrouver, c'est la peine véritable, celle qui conduit au renoncement, qui nous fait pleurer sur ce qui nous a manqué pour nous tourner ensuite vers l'avenir et trouver des façons de vivre heureuses en dépit des blessures.

Soigner la blessure du père, c'est faire la paix avec lui

Pleurer la vraie peine nous amène à nous réconcilier avec cet homme, imparfait bien sûr, qu'a été notre père. Cela signifie le comprendre, comprendre sa propre blessure, et aussi qu'il n'a pu nous donner ce dont il avait lui-même manqué. C'est reconnaître que nous partageons tous la même condition humaine, faite de joies et de souffrances, de beaux côtés et d'imperfections, et qu'on ne peut donner que ce qu'on a reçu soi-même. Faire la paix avec lui, c'est retrouver notre amour pour lui. À cette condition seulement, nous pouvons transformer la blessure en une expérience de croissance, qui nous aide à progresser, nous fortifie, nous ouvre la voie vers la créativité.

Comment y parvenir?

D'abord, par un effort personnel, car la guérison ne peut venir que de l'intérieur. Cela veut dire apprendre à nous connaître, comprendre la source de nos difficultés et plus encore notre responsabilité par rapport à ces difficultés. Ce n'est pas une tâche facile. Nous avons toujours l'espoir de voir notre problème aplani par un changement extérieur. Nous attendons souvent que la solution vienne des autres. «Je n'ai pas encore rencontré l'homme qui me convient...», «Si mon mari me comprenait mieux, s'il communiquait davantage, je serais plus heureuse...», «Si la société faisait une meilleure place aux femmes...», «Sans amour, je ne trouve rien d'intéressant à la vie...». Nous attendons que quelqu'un d'autre nous apporte le bonheur, nous comprenne et réponde à nos besoins. S'entêter à attendre que le soulagement ne vienne que de l'extérieur revient parfois à se cantonner dans une attitude de revendication qui légitime notre colère à nos propres yeux. Mais ce n'est là qu'un faux-fuyant. Si l'absence de père et l'attitude de certains hommes ont joué dans notre malaise un rôle qui peut justifier notre agressivité, nous sommes cependant seules responsables de rester enfermées dans cette image de nous-mêmes qu'ils nous ont renvoyée.

Il faut parfois que la femme se soit heurtée à plusieurs échecs avant de s'apercevoir qu'elle a peut-être une responsabilité dans sa situation présente. Se regarder et reconnaître le rôle que nous jouons dans la persistance de nos problèmes inflige souvent une nouvelle blessure à l'estime de soi. Quand on souffre, cela peut être très douloureux. Nous pouvons craindre aussi de ne pas posséder les ressources nécessaires pour évoluer. Ce doute sur notre propre valeur est souvent notre pire ennemi. Pourtant, quand nous osons affronter la solitude pour un temps et que nous prenons la peine d'écouter ce qui monte alors en nous, nous découvrons souvent des forces que nous ne soupçonnions pas.

Qui peut aider?

Les témoignages d'autres femmes

La femme qui souffre n'est pas seule... Certains moyens sont à sa disposition si elle veut guérir de sa blessure. Les témoignages de femmes sorties grandies d'expériences semblables peuvent nous aider.

> Toutes les femmes qui s'adressent à moi n'ont qu'une parole à la bouche: «Il m'a quittée.» Sous-entendu: «J'attends son retour!» [...] À toutes, je dis ou écris: «Trouvez-vous vous-même!» Elles m'écoutent gentiment, un peu rassérénées le temps que je leur parle ou qu'elles me lisent: c'est déjà quelques minutes de «pas seules». Mais, au fond d'elles-mêmes, elles ne comprennent pas ce que je leur dis. Pis: elles n'en veulent pas[26].

L'auteur poursuit en mentionnant que les femmes refusent souvent de fournir les efforts nécessaires pour devenir un être «complet», par crainte de ne jamais rencontrer l'âme sœur. Mais celles-là

---

26. Chapsal, Madeleine, *Une soudaine solitude*, ouvr. cité, p. 54.

oublient deux choses. D'abord qu'elles ne sont pas heureuses de vivre ainsi dans une attente toujours déçue. Elles oublient également qu'en devenant plus autonomes, plus sûres d'elles, elles rencontreront peut-être des hommes d'un genre différent de ceux qu'elles ont connus, car on s'associe souvent à des personnes qui, par leur attitude, confirment la perception qu'on a de soi-même.

Écouter des femmes qui partagent leur vécu est un de ces outils à notre portée, à condition d'être assez ouvertes pour nous laisser toucher et questionner par leur propos. Plusieurs écrits peuvent nous mettre en contact avec elles. À travers de nombreuses biographies, des autobiographies et des récits, beaucoup de femmes nous livrent leur réflexion sur leur histoire personnelle. Certains ouvrages à connotation psychologique ou sociologique traitent également du sujet. Le partage d'expériences avec nos semblables ne doit pas être négligé. De plus en plus, on voit des femmes tenter de vivre entre elles une certaine intimité dont elles se disent privées dans leur relation avec les hommes. Bien qu'elles y trouvent une certaine satisfaction, elles ont parfois tendance à déprécier ces relations, qui leur apparaissent comme un substitut à ce qu'elles voudraient plutôt vivre avec un partenaire amoureux. Je crois que cette communication entre femmes aide à renforcer un narcissisme blessé et, donc, à bien les disposer pour une relation hétérosexuelle. Elle leur permet de briser leur isolement, de s'apercevoir qu'elles ne sont pas seules à souffrir de leurs maux, et aussi qu'il existe des solutions. Mais ces relations, si opportunes soient-elles, ne suffisent pas à guérir la blessure de l'identité, située comme nous l'avons vu, à un plus profond niveau.

Les substituts paternels

Parmi les gens que nous côtoyons, il nous arrive de rencontrer des hommes pouvant tenir le rôle de substitut paternel auprès de qui il est possible de trouver une certaine restauration de la faille laissée en nous par le manque de père. Personnellement, j'ai souvent eu la chance dans ma vie d'enfant et d'adulte de rencontrer des hommes qui ont cru en moi (mes frères, des professeurs ou des collègues de travail), et qui m'ont soutenue dans mes projets. Ils m'ont encouragée, guidée, et ils ont su aussi me remettre en question à l'occasion. Beaucoup de femmes sont également en relation avec ce type d'homme, peut-être en la personne d'un professeur, d'un patron ou d'un ami. Il faut savoir en profiter et être réceptive à cette paternité substitutive. Bien sûr, aucun homme ne peut remplacer le père qu'on n'a pas eu, ni effacer la blessure laissée par son absence. Mais une certaine forme d'apaisement peut être donnée par d'autres hommes, si on sait reconnaître leur influence bénéfique.

La psychothérapie

Lorsqu'on a décidé de régler son problème par un effort personnel, il peut venir un moment où on a le sentiment de ne plus avancer et de tourner en rond. On a pu identifier certains maux et tenter de modifier des attitudes, on n'arrive pas à éviter le piège de la répétition des mêmes situations morbides. Il ne faut pas craindre alors de recourir à l'aide d'un professionnel pour sortir de l'impasse.

Une psychothérapie confronte l'individu à lui-même, quelles que soient l'approche et la méthode utilisées. Elle permet de découvrir des aspects de nous-mêmes que nous nous efforcions de ne pas voir ou qui nous échappaient totalement. Pour accepter de se mettre ainsi à nu, l'intensité du malaise ressenti doit dépasser celle que provoquera la démarche thérapeutique. Il faut un certain courage pour se décider à consulter et nous sommes les seuls juges de ce choix. Mais si nous en sentons le besoin, il ne faut pas hésiter. Certaines personnes sont très réticentes à l'idée de consulter un professionnel par honte ou par crainte de ne pas être normales. Il n'y a pourtant aucune honte à demander de l'aide lorsque nous sommes bloqués dans notre évolution. Au contraire, cette initiative témoigne d'un aspect sain de la personne.

La psychothérapie n'est pas miraculeuse. Il n'y a pas de thérapeute tout-puissant ni d'approche psychologique infaillible. Toutes les recherches sur l'efficacité des psychothérapies identifient certaines conditions indispensables à leur succès. Par succès, je n'entends pas un changement radical chez l'individu. Aucune thérapie ne modifiera votre personnalité, pas plus qu'elle ne fera disparaître vos problèmes à tout jamais. La réussite d'une thérapie se mesure au sentiment subjectif de l'individu d'avoir progressé dans la connaissance de lui-même et aux modifications de ses attitudes. Le sentiment d'avoir une meilleure emprise sur sa vie et d'être plus heureux sont les marques d'une thérapie réussie.

Deux conditions doivent être remplies pour qu'une thérapie puisse donner un bon résultat. La première, et la plus importante, est la motivation de la personne qui consulte. Ce mot ne signifie pas seulement «vouloir consulter» ou «décider de son propre chef d'avoir recours aux services d'un professionnel». La motivation véritable, celle qui fera de la thérapie une démarche profitable, est celle qui suppose le désir et la capacité réels de se regarder et de se remettre en cause, aidé par un thérapeute qui tient lieu de miroir et de guide. Il faut être prêt à faire l'effort de se confronter à soi-même, ne pas s'attendre à ce que toutes les solutions viennent de l'autre, être conscient de notre part de responsabilités dans nos difficultés et vouloir sincèrement la découvrir et apporter des modifications à nos attitudes. Se présenter en psychothérapie avec la conviction que toute la faute repose sur son père, son enfance, ses contemporains ou autre chose encore ne mène nulle part. Ces diverses personnes ont pu contribuer en partie à nos difficultés et la thérapie permettra de reconnaître, de retrouver la colère et la peine qu'ils ont causées, mais il faut aussi prendre sa part de responsabilité dans le processus de croissance et de guérison. Le meilleur thérapeute et l'approche thérapeutique la mieux planifiée sont inutiles sans cette volonté.

L'autre condition repose sur la qualité de la relation que vous établirez avec le thérapeute. Si la thérapie peut aider à sortir de l'impasse, c'est parce qu'elle se déroule à l'intérieur d'une relation. La relation, c'est l'outil premier, l'ingrédient thérapeutique par excellence. Toute thérapie comporte, bien sûr, une étape où on doit reconnaître son problème, mais il ne s'agit pas ici d'une compréhension intellectuelle. Elle est d'une autre nature, car elle trouve sa source dans une prise de conscience qui allie affectivité et intellect. Rien ne peut mieux faciliter ce processus d'entendement que de soumettre nos attitudes à l'expérience réelle d'une relation. La connaissance de soi surgit alors de l'expérience subjective au lieu de provenir de l'extérieur.

La possibilité d'établir avec le thérapeute une relation bénéfique aidante doit être un des premiers critères qui guident votre choix. Attention! Vous pouvez vous sentir bien avec un thérapeute parce qu'il s'établit entre vous une complicité qui ne vous confronte nullement à vous-même! Vous devez plutôt percevoir en cette personne à qui vous demandez de l'aide qu'elle est en mesure de vous comprendre réellement, profondément, mais aussi de vous remettre en question sans complaisance.

Quelle approche choisir?

La multitude d'écoles de pensée et de techniques thérapeutiques déroute souvent la personne qui décide de consulter. Doit-on choisir une approche psychanalytique, psychodynamique, où le passé tiendra une large place, même s'il sera examiné à travers l'influence qu'il exerce actuellement? Ou faut-il opter pour une approche davantage centrée sur le présent, les attitudes et comportements qui font problème? Sans aller jusqu'à dire qu'il s'agit là d'une fausse question, je dirais qu'elle a peut-être moins d'importance qu'on ne le croit.

L'important est de choisir le type de thérapie, et encore plus le thérapeute, en fonction de ce qui vous convient et non pas de ce qu'on peut en dire. Certaines personnes sont naturellement plus à l'aise avec une thérapie centrée sur une démarche introspective, ne traçant aucune voie à suivre *a priori* et laissant toute latitude pour explorer les sentiers qui s'ouvriront. À d'autres, un encadrement plus défini conviendra mieux, axé davantage sur l'observation et la modification des comportements actuels. Mon expérience m'a démontré plus d'une fois qu'une thérapie, indépendamment de la compétence de l'intervenant, peut échouer parce que l'approche et la personnalité du thérapeute ne conviennent tout simplement pas à la personne qui le consulte. Il faut aller vers une forme de thérapie dans laquelle on se reconnaît. De toute façon, quel que soit l'angle sous lequel on aborde le problème, l'essentiel finira tôt ou tard par faire surface. Une thérapie qui n'est pas directive ne vous tiendra certainement pas enfermé dans le passé, à moins que quelque chose ne fonctionne pas. À l'inverse, une thérapie au cadre plus rigide fera sûrement resurgir des éléments de votre histoire et susciter des prises de conscience. Et si cela ne se produit pas, c'est que là encore on est passé à côté du problème.

Et le sexe du thérapeute?

La question du sexe du thérapeute est fréquemment soulevée. Spontanément, on serait porté à croire que la femme qui veut explorer sa blessure du père devrait préférablement consulter un homme. Je serais tentée de confirmer cette assertion, mais la réalité n'est pas aussi simple. La question du sexe du thérapeute est fort complexe et dépend de plusieurs facteurs. La réalité psychique est faite de subtilités infinies. Encore une fois, c'est la qualité de la rencontre entre la subjectivité du thérapeute et celle de la femme qui consulte qui déterminera le succès de la thérapie.

Par exemple, il se peut qu'une femme ait été tellement blessée dans sa relation avec son père qu'il lui est inconcevable de consulter un homme. Dans ce cas, l'acuité de la rage et de la dévalorisation est telle qu'il est impossible d'établir une relation de confiance avec un thérapeute de sexe masculin. Un autre exemple serait celui d'une femme si éloignée d'elle-même et prisonnière de son besoin d'être reconnue et désirée par un homme qu'elle ne pourrait pas non plus parvenir à s'exprimer en présence d'un thérapeute mâle parce qu'elle accorderait trop d'importance à son opinion. Toute thérapie comporte une phase où la personne manifeste son désaccord et affirme son individualité, ce qui pourrait ne pas avoir lieu dans une telle situation.

La subjectivité du thérapeute doit aussi être prise en considération. Un thérapeute de sexe masculin est sans doute mieux placé pour «réparer» la blessure du père. Mais il se peut qu'il ait été lui-même très affecté par l'absence de père et ne soit pas guéri de cette blessure. Il peut porter en lui le souvenir d'une mère trop puissante. Dans ce cas, il lui sera probablement difficile de s'ouvrir à la souffrance d'une petite fille en manque de père, cachée sous les dehors d'une femme agressive et revendicatrice.

Une thérapeute peut aider une autre femme à soigner la blessure du père, à condition d'en être elle-même guérie. Si tel est le cas, la thérapeute a donc accès à sa masculinité et ses identifications au père ne sont plus conflictuelles. Elle peut alors tenir le rôle de «père de remplacement» auprès de sa cliente, et l'aider à renforcer sa confiance en elle et à se réconcilier avec son père intérieur.

Ce qui importe au premier chef, c'est le thérapeute lui-même, ce qui importe, c'est que lui-même, homme ou femme, ait suffisamment soigné sa blessure du père pour s'être réconcilié avec ses père et mère et qu'il soit parvenu à une intégration harmonieuse des identifications masculines et féminines. Il est évidemment très difficile pour la personne qui consulte d'évaluer les aptitudes d'un thérapeute.

La question de la dépendance

Un travail thérapeutique portant sur l'identité ne saurait être un travail à court terme, quelle que soit l'approche choisie. Une thérapie brève vise une modification de comportement, d'attitude de surface et n'atteint pas les racines du problème. Elle peut se révéler utile pour pallier une crise ou relancer une vie temporairement perturbée par un problème ponctuel. Lorsqu'il s'agit d'aller explorer un malaise plus profond, se manifestant dans plusieurs sphères de la vie (professionnelle, relationnelle, amoureuse) et ayant sa source dans les relations premières, il est impossible d'apporter des modifications profondes et durables sans prendre le temps qu'il faut pour changer le regard porté sur soi, sur son histoire et sur ses attitudes passées et présentes.

Plusieurs personnes ont peur de la dépendance inhérente à ce long processus. J'aimerais préciser que la thérapie ne crée généralement pas la dépendance, et que si elle se manifeste au cours de la relation thérapeutique, c'est qu'elle existait auparavant. L'individu qui devient dépendant de son thérapeute souffrait déjà d'une sujétion, soit à un conjoint, soit à la nourriture, à l'alcool ou à toute autre substance. L'apparition de la dépendance en thérapie, loin d'être mauvaise en soi, en marque plutôt une étape importante, car elle offre la possibilité, au sein de cette relation corrective, de développer la confiance en soi nécessaire à l'acquisition de l'autonomie. Si la personne se montre encore dépendante à l'âge adulte, c'est que son histoire développementale ne lui a pas fourni les moyens d'accéder à son indépendance. Dans ce cas, la thérapie peut lui offrir ces conditions, puisqu'elle est en quelque sorte un lieu où peuvent se rejouer certaines étapes du développement qui ont présenté des manques. Il ne faut donc pas craindre la dépendance, il faut plutôt apprendre à l'utiliser.

De toute façon, le but ultime d'une thérapie est d'amener l'individu à ne plus en avoir besoin. La démarche thérapeutique doit être considérée comme un outil temporaire, destiné à franchir une étape, et non comme la solution finale à nos difficultés. Amorcée auprès d'un professionnel, elle doit conduire à une nouvelle étape qu'il faut franchir seule. La relation thérapeutique peut apporter à la femme une certaine guérison de sa blessure du père mais, tout comme la fille doit renoncer à son père, le quitter et s'en affranchir pour devenir adulte et vivre sa vie, la femme doit s'éloigner de son thérapeute pour parachever le travail sur son identité. Comme la petite fille qui doit faire le deuil de son père, la femme doit accepter de délaisser cette personne qui l'a accompagnée. Pour parvenir à vraiment se retrouver, la femme doit franchir cette dernière étape seule.

Sortir de l'impasse au collectif

La société en évolution

Durant la première moitié du XXe siècle, il a beaucoup été question de l'importance des premières années de la vie pour poser les assises de la santé mentale et du rôle majeur joué par la mère à ce moment de l'existence. Le processus d'attachement et les conséquences d'un manque ont fait l'objet de recherches qui ont parfois abouti à un procès de la mère. Les femmes se sont senties accusées et nombre d'entre elles ont traversé cette époque grandement culpabilisées.

Il est vrai que les théories d'alors incriminaient souvent la mère. On lui a fait porter un fardeau bien lourd, en oubliant qu'elle n'était qu'un être humain, avec une histoire personnelle et ses difficultés. La mère joue évidemment un rôle crucial dans le développement de l'enfant, et certains manques psychologiques trouvent leur origine dans des insuffisances réelles du maternage. Mais la femme-mère ne peut pas être considérée comme coupable pour autant. On est coupable lorsqu'on a fait volontairement un acte ou un geste dans l'intention de nuire. À part certaines exceptions, les mères agissent envers leurs enfants avec le bagage qu'elles ont reçu, et celles qui portent en elles des blessures ne peuvent pas donner ce qui leur manque. Il faut ici faire la distinction entre culpabilité et responsabilité. Si ces femmes ne sont pas coupables, elles sont cependant responsables de leurs gestes et de leurs attitudes, et c'est à elles qu'il revient d'en prendre conscience et de s'efforcer de s'améliorer.

Le mouvement néo-féministe s'est insurgé, avec raison, contre cette «culpabilisation» des mères. Son argumentation a fait réapparaître la femme qui est derrière la mère, pas toujours parfaite, mais faisant de son mieux auprès de son enfant, et qui donne uniquement ce qu'elle est en mesure d'apporter. On peut déplorer aujourd'hui que certaines revendications féministes aient conduit les femmes à rejeter leur différence, mais elles ont permis de dénoncer un malaise évident partagé par plusieurs femmes et ont contribué à une prise de conscience collective.

Des femmes plus conscientes de leur difficulté de vivre dans une société conçue et organisée autour du pouvoir masculin se sont mises à questionner les repères sociaux de l'identité. Cela a eu pour effet de déstabiliser les hommes qui ont subi plus qu'ils ne les ont désirés ces bouleversements de la mentalité sociale, même s'ils portaient, eux aussi, leur part de souffrance causée par cette organisation de la société (on le comprend mieux, maintenant qu'ils prennent conscience des attentes disproportionnées qui pesaient sur eux).

Sans l'avoir voulu, ils se sont trouvés, eux aussi, aux prises avec une crise d'identité. Les repères de la masculinité ont basculé, il leur a fallu redéfinir leur identité d'hommes. On connaissait les effets de l'omniprésence maternelle dans l'éducation et de son corollaire, la grande absence du père. La réflexion des hommes sur leurs malaises les a amenés à préciser les conséquences de cet état de fait sur leur identité, car les blessures qui en résultent étaient plus manifestes chez eux.

Les deux dernières décennies ont vu la question du père et des effets de son absence occuper le devant de la scène. Nous nous interrogeons actuellement sur le rôle joué par le père non seulement auprès de son fils, mais aussi auprès de sa fille. Ce questionnement relativement nouveau s'inscrit dans le sillage d'une évolution collective que j'ai brièvement résumée. On comprend de mieux en mieux l'importance de la présence paternelle auprès de l'enfant, garçon ou fille, et l'impact considérable de son absence ou de son retrait. Il ne faudrait pas tomber dans l'excès contraire et accuser les hommes de tous les maux, comme on l'a fait pour les mères, mais il est important que les hommes et les femmes, individuellement et socialement, se rendent compte de la responsabilité qui incombe aux pères dans l'éducation de leurs enfants et de la nécessité pour eux d'assumer davantage leur paternité.

L'évolution des idées, particulièrement depuis la seconde moitié de ce siècle, me semble témoigner de l'état de santé de notre société. En effet, qu'est-ce que la santé, sinon la faculté de repérer ses faiblesses, la force de se les avouer et la capacité de rechercher les moyens à prendre pour y remédier et modifier la situation? Individuellement, il nous est possible d'agir sur nos propres malaises, mais socialement nous devons considérer le problème avec les données que nous possédons aujourd'hui, et tenter ensemble de trouver des solutions. Comme l'a fait remarquer Guy Corneau, ces prises de conscience appartiennent à notre époque et il revient à notre génération d'inventer de nouvelles façons d'être pères et mères.

La société malade du manque de père

Notre société est malade du manque de père, et nombre de tensions au sein de l'identité des hommes et des femmes trouvent là leur source. Les pères sont absents et, par conséquent, les mères trop présentes. Si on tente de comprendre le pourquoi de cette situation, on découvre que c'est parce que l'un et l'autre ont manqué d'appui paternel!

Nous sommes, hommes et femmes, enfermés dans un cercle vicieux que nos peurs et nos blessures réciproques contribuent à perpétuer. Les femmes, souvent blessées dans leur identité par l'absence d'appui paternel, doutent d'elles-mêmes, croient peu à la valeur de leur différence et parviennent difficilement à devenir des sujets autonomes. Elles n'ont souvent que la maternité pour affirmer leur force et leur potentiel, l'éducation restant le seul terrain où elles peuvent retrouver le lien perdu avec leur identité de fond, et cela même si elles se réalisent à travers une profession. Pensons à Claude qui, malgré son autonomie et ses réussites professionnelles, n'a pu être rassurée sur son identité féminine que par la maternité, et encore pas tout à fait. Claude n'est malheureusement pas un cas exceptionnel. Souvent la femme n'a pas conscience qu'elle cherche à rehausser son estime d'elle-même par le pouvoir qu'elle exerce dans sa maternité. Elle croit sincèrement que le fait d'avoir des intérêts professionnels l'affranchit du besoin de chercher à se mettre en valeur par son rôle de mère. C'est à son insu, par des attitudes qui échappent à sa conscience, qu'elle continue à entretenir dans l'imaginaire de l'enfant l'imago d'une mère omniprésente et toute-puissante. Cette place lui est d'autant plus chère que son identité prend assise sur des bases fragiles et elle éprouve de la difficulté à céder du terrain au père de l'enfant, quand elle ne l'écarte pas tout simplement.

Les hommes, de leur côté, sont eux aussi blessés dans leur identité, dont les bases sont tout aussi fragiles. Ils ont manqué de modèle masculin pour vivre leur paternité dans l'«être» plutôt que dans le «faire». Ayant été aux prises avec une mère trop présente, dont ils ont eu à se protéger pour ne pas se laisser emprisonner, ils traînent au fond d'eux-mêmes une peur de la femme. Cette crainte les empêche de prendre leur place de père auprès de leur enfant, surtout si c'est une fille, parce qu'ils n'osent pas affronter leur conjointe. Beaucoup de pères préfèrent se tenir à l'écart, se procurant par cette attitude une certaine paix.

Chacun contribue ainsi à perpétuer le cercle vicieux. Quand les pères se dérobent, les fils restent coincés, eux aussi, seuls avec la mère, qui ne manque alors pas d'être perçue comme trop puissante. Ils grandissent à leur tour dans la peur de la femme et ont, eux aussi, du mal à assister leurs enfants, sur un pied d'égalité avec leur épouse. Quand les pères sont absents, les filles parviennent difficilement à devenir sujets de leur désir, continuent à douter d'elles-mêmes et se rabattent souvent inconsciemment sur leur rôle de mère, qui leur insuffle le sentiment de maîtriser un peu leur vie. Elles deviennent à leur tour des mères qui investissent trop auprès de leurs enfants, et le problème se perpétue. Loin de moi l'idée de vouloir déprécier la maternité. Elle demeure un aspect important de l'identité féminine et les femmes y puisent une force qui les caractérise dans leur différence. Je veux simplement souligner que la maternité reste trop souvent le seul terrain où la femme peut acquérir le sentiment d'une force qui lui est propre; si elle est tellement attachée à son rôle de mère, c'est que ce sentiment n'a pas su trouver place en elle-même, de façon permanente, et s'étendre aux autres domaines de sa vie.

Rompre le cercle vicieux de la répétition

Au fond, les difficultés que vivent garçons et filles dans la quête de leur identité viennent de ce que les rails sur lesquels ils avancent sont inégaux. Le rail paternel est trop éloigné et ils n'arrivent pas à le joindre. Quant au rail maternel, il occupe peut-être beaucoup de place, mais la mère n'est pas souvent le sujet autonome qui permettrait à son enfant de se distancier d'elle. Pour que la voie ferrée assure mieux la progression du train, il faudrait que père et mère soient tous deux sujets de leur désir, qu'ils soient véritablement dans une relation où leur apport réciproque, tout en étant différent, soit sur un pied d'égalité. Je fais mienne la position de Jessica Benjamin dans l'analyse qu'elle fait du désir féminin[27]. En présence de deux parents sujets de leur désir réciproque, les identifications au père et à la mère ont de meilleures chances de ne pas s'opposer et de mieux s'intégrer aux identités masculine chez le garçon et féminine chez la fille.

Bien sûr, il s'agit là d'un idéal à atteindre et nous en sommes encore loin. L'équilibre entre les hommes et les femmes reste à créer, les blessures de l'un et de l'autre en compliquant la réalisation. Lorsqu'ils se rencontrent, avec leurs peurs et leurs attentes, au lieu de se guérir ils s'écorchent trop souvent davantage et font couler des plaies qui ont du mal à se cicatriser.

Mais un effort doit être accompli pour qu'on en vienne progressivement à un changement d'attitude dans la société; pour que les pères prennent davantage leur place auprès de leurs enfants, garçons et filles, et que les mères apprennent à se retirer pour s'occuper vraiment d'elles-mêmes; pour que chacun respecte l'autre dans sa différence tout en affirmant la sienne; et pour que père et mère se soutiennent mutuellement afin d'assurer leur présence active auprès de l'enfant.

Pour atteindre un tel idéal collectif, ou même juste pour s'en approcher, il est nécessaire que les changements commencent chez les individus, car les mutations les plus profondes ne peuvent cheminer que par cette voie. Se montrer capable de prendre sa place auprès de l'autre, et de la maintenir avec souplesse et assurance, cela suppose qu'au fond de soi on soit à l'aise avec sa différence. Et cette aisance est le fruit d'une identité assise sur des bases solides. Il importe donc que chacun travaille à la consolidation de ces bases.

> Je ne sais pas ce qu'est l'homme, encore moins ce qu'il devrait être. J'essaie de le sentir et d'en faire l'expérience intime. J'essaie de laisser advenir l'homme en moi[28].

---

27. Benjamin, Jessica, *Les liens de l'amour,* Paris, Éd. Métailié, 1992 (chap iii: le désir féminin).
28. Corneau, Guy, *Père manquant, fils manqué,* ouvr. cité, p. 12.

En tant que femmes, nous en sommes toutes là, nous aussi. Il arrive souvent que notre féminité, la vraie, celle qui tisse notre être profond, nous échappe. Le conseil de Madeleine Chapsal, «Trouvez-vous vous-même», est simple à professer, mais difficile à appliquer. Pour la femme qui s'interroge sur son identité et cherche à soigner ses plaies, accepter de vivre avec une blessure qui ne disparaîtra jamais et la laissera toujours fragile n'est pas non plus une tâche facile.

Si on prend le temps d'écouter sa souffrance et de comprendre qu'il est vain d'en attendre l'apaisement de ceux qui nous entourent, nos rapports avec eux en seront facilités. Et, qui sait, en «laissant advenir l'homme, la femme, en soi», les profils de l'homme nouveau et de la femme retrouvée se dessineront peut-être. C'est par l'élargissement de la connaissance de soi qu'il est possible de raffiner la maîtrise de notre destin et de modifier, pas à pas, les attitudes et les mentalités.

Conclusion

J'ai tenté de réfléchir ici à la difficulté de vivre en tant que femme en soi d'abord et comme membre de la société ensuite. J'ai choisi de mettre en relief le problème de l'identité parce qu'il me semble être à la base du malaise exprimé par plusieurs femmes. Je me suis particulièrement intéressée au rôle du père dans le développement de l'identité féminine parce que je suis convaincue de l'importance de l'apport paternel au développement de l'être complet de la femme. J'ai insisté sur les deux aspects de la tâche qui incombe au père, soit de supporter sa fille dans ses désirs de réalisation d'elle-même comme personne à part entière, mais aussi de mettre sa féminité en valeur.

Je m'étonne parfois d'entendre les gens tenter de comparer la difficulté d'être de la femme à celle de l'homme, avec l'intention d'établir une graduation qui permettrait de les mesurer. Hommes et femmes prétendent que leur condition est la plus pénible, tous deux s'appuyant sur tel ou tel aspect de la théorie pour affirmer leur position.

Ce type de comparaison m'apparaît stérile. Comment pourrait-on connaître ce que vit un individu du sexe opposé, puisqu'il faut pour le tenter, s'en remettre à notre expérience subjective? Ce genre de propos se retrouve fréquemment sous la plume d'auteurs ayant réfléchi à la question de l'identité, féminine ou masculine, et c'est là une preuve de notre difficulté à définir notre différence. Ces comparaisons ne font que provoquer une réaction défensive chez l'autre, qui ne se sent pas reconnu, cela n'a pour effet que d'attiser la guerre entre les sexes.

La condition d'être sexué n'est pas facile à assumer, et surtout à notre époque où les repères extérieurs sont de plus en plus brouillés. Chacun tente de définir pour soi ce que c'est que d'être homme ou femme, et chacun le fait à partir de sa subjectivité, ce qui est bien. Le moment où on s'égare, c'est quand on adopte ce même point de vue subjectif pour évaluer la souffrance de l'autre. Il est déjà ardu d'être à l'écoute de soi. Il l'est encore plus d'écouter l'autre, vraiment, d'entrer dans sa subjectivité et de le regarder par ses propres yeux. Dans ces échanges, on réagit parfois comme si l'autre venait nier l'existence de notre blessure lorsqu'il dit la sienne. Le cas se répète, hélas! souvent, quand chacun des protagonistes sent la nécessité de protéger son identité fragile. Tout se passe alors comme si le fait de reconnaître la souffrance de l'autre menaçait l'existence de la sienne.

L'important, dans cette recherche à laquelle les hommes et les femmes sont conviés, est de prendre la responsabilité du malaise qui nous revient, et seulement celle-là. Si nous nous y consacrons tous, nous pourrons peut-être contourner l'obstacle de l'incompréhension qui bloque le chemin de la rencontre. J'ai la conviction sincère que le travail sur soi est l'outil le plus approprié pour améliorer l'écoute de l'autre.

L'approfondissement de la connaissance de soi est un travail de longue haleine. Les lentes modifications sociales aussi. Il nous revient de créer des conditions favorables, individuellement et collectivement, car les difficultés que nous vivons sont nouvelles. Si nous pouvons avancer d'un pas vers cet objectif, nous aurons contribué à une évolution sociale bien amorcée et irréversible.

Je souhaite que mes propos servent d'amorce à la poursuite de la réflexion. J'ai livré ici le point de vue qui est le mien, axé sur mon expérience de femme et de psychothérapeute, avec les lunettes de ma subjectivité. Je suis convaincue qu'il peut s'enrichir de l'expérience d'hommes et de femmes qui adopteront une autre perspective et découvriront d'autres aspects de la situation.

En terminant, mon souhait est d'avoir pu éclairer quelques femmes dans leur recherche d'elles-mêmes, de les avoir aidées dans leur travail de consolidation de leur identité. J'espère également avoir apporté une certaine lumière à quelques hommes aussi, afin qu'ils puissent mieux comprendre leur rôle auprès de leur fille et l'importance de leur apport, ainsi que l'urgence pour eux de prendre leur place de père.

Bibliographie

BENJAMIN, Jessica, *Les liens de l'amour,* Paris, Éd. Métailié, 1992, 285 p.

CHAPSAL, Madeleine, *Une soudaine solitude,* Paris, Fayard, Coll. «Livre de poche», 1995, 221 p.

CHASSEGUET-SMIRGEL, Janine, *Les deux arbres du jardin,* Paris, Éd. Des femmes, 1989, 264 p.

CORNEAU, Guy, *Père manquant, fils manqué,* Montréal, Éd. de l'Homme, 1989, 183 p.; *L'amour en guerre,* Montréal, Éd. de l'Homme, 1996, 253 p.

GRAY, John, *Les hommes viennent de Mars, les femmes viennent de Vénus,* Éd. Logiques, Montréal, 1994, 325 p.

HARPMAN, Jacqueline, *Orlanda,* Paris, Grasset, 1996 (prix Médicis), 294 p.

HESSE, Hermann, *Narcisse et Goldmund,* Paris, Calmann-Lévy, Coll. «Livre de poche», réédition 1994, 383 p.

JACOBSON, Édith, *Le Soi et le monde objectal,* Paris, PUF, 1975, 245 p.

LAPLANCHE, J. et J. B. PONTALIS, *Vocabulaire de la psychanalyse,* Paris, PUF, 1973, 525 p.

MONTRELAY, Michèle, *L'ombre et le nom,* Paris, Minuit, 1977, 164 p.

OLIVIER, Christiane, *Les fils d'Oreste ou la question du père,* Paris, Flammarion, 1994, 200 p.

RIGHINI, Mariella, *Écoute ma différence,* Paris, Grasset, 1978, 190 p.

SCHIERSE LEONARD, Linda, *La fille de son père,* Montréal, Le Jour, 1990, 219 p.

STERN, Daniel N., *Le monde interpersonnel du nourrisson,* Paris, PUF, 1989, 381 p.

STOLLER, Robert, *Recherches sur l'identité sexuelle,* Paris, Gallimard, 1978, 406 p.; *Masculin ou féminin?,* Paris, PUF, 1989, 362 p.

TARRAB, G. et C. SIMARD, *Une gestion au féminin? Nouvelles réalités,* Éd. Vermette inc., Ottawa, 1986, 263 p.

WINNICOTT, D.W., «La distorsion du Moi en termes de Vrai et de Faux Soi», *Bulletin de l'association psychanalytique de France,* n° 5, Paris, 1969, p. 90-106.

Table des matières

Ouvrages parus aux
Éditions de l'Homme

Affaires et vie pratique

* **Faire son pain soi-même,** Janice Murray Gill
* **Faire son vin soi-même,** André Beaucage
* **Le guide des accords vins et mets,** Jacques Orhon
  Harmonisez vins et mets, Jacques Orhon
  Le juste milieu dans votre assiette, Dr B. Sears et B. Lawren
* **Le livre du café,** Julien Letellier
  Mangez mieux, vivez mieux!, Bruno Comby
* **Menus et recettes du défi alimentaire de la femme,** Louise Lambert-Lagacé
* **Les muffins,** Angela Clubb
* **La nouvelle boîte à lunch,** Louise Desaulniers et Louise Lambert-Lagacé
  La nouvelle cuisine micro-ondes, Marie-Paul Marchand et Nicole Grenier
  La nouvelle cuisine micro-ondes II, Marie-Paul Marchand et Nicole Grenier
  Les passions gourmandes, Philippe Mollé
* **Les pâtes,** Julien Letellier
* **La pâtisserie,** Maurice-Marie Bellot
  Plaisirs d'été, Collectif
* **Poissons, mollusques et crustacés,** Jean-Paul Grappe et l'I.T.H.Q.
* **Les recettes du bien-être absolu,** Dr Barry Sears
  Réfléchissez, mangez et maigrissez!, Dr Dean Ornish
  La sage bouffe de 2 à 6 ans, Louise Lambert-Lagacé
* **Soupes et plats mijotés,** Marg Ruttan et Lew Miller
  Telle mère, telle fille, Debra Waterhouse
  Les tisanes qui font merveille, Dr Leonhard Hochenegg et Anita Höhne
  Une cuisine sage, Louise Lambert-Lagacé
* **Votre régime contre l'acné,** Alan Moyle
* **Votre régime contre la colite,** Joan Lay
* **Votre régime contre la cystite,** Ralph McCutcheon
* **Votre régime contre la sclérose en plaque,** Rita Greer
* **Votre régime contre l'asthme et le rhume des foins,** R. Newman Turner
* **Votre régime contre le diabète,** Martin Budd
* **Votre régime contre le psoriasis,** Harry Clements
* **Votre régime pour contrôler le cholestérol,** R. Newman Turner
* **Les yogourts glacés,** Mable et Gar Hoffman

Plein air, sports, loisirs

* **30 ans de photos de hockey,** Denis Brodeur
* **L'ABC du bridge,** Frank Stewart et Randall Baron
* **Almanach chasse et pêche 93,** Alain Demers
  L'arc et la chasse, Greg Guardo
* **Les armes de chasse,** Charles Petit-Martinon
  L'art du pliage du papier, Robert Harbin
  La basse sans professeur, Laurence Canty
  La batterie sans professeur, James Blades et Johnny Dean
  Beautés sauvages du Québec, H. Wittenborn et A. Croteau
  Les bons cigares, H. Paul Jeffers et Kevin Gordon
  Le bridge, Viviane Beaulieu
  Carte et boussole, Björn Kjellström
  Le chant sans professeur, Graham Hewitt
* **Charlevoix,** Mia et Klaus
  La clarinette sans professeur, John Robert Brown
  Le clavier électronique sans professeur, Roger Evans
  Le golf après 50 ans, Jacques Barrette et Dr Pierre Lacoste
* **Les clés du scrabble,** Pierre-André Sigal et Michel Raineri
  Corrigez vos défauts au golf, Yves Bergeron
* **Le curling,** Ed Lukowich
* **De la hanche aux doigts de pieds — Guide santé pour l'athlète,** M. J. Schneider et
      M. D. Sussman
* **Devenir gardien de but au hockey,** François Allaire
* **Les éphémères du pêcheur québécois,** Yvon Dulude
* **Exceller au softball,** Dick Walker
* **Exceller au tennis,** Charles Bracken
* **Les Expos,** Denis Brodeur et Daniel Caza

* **Le tissage,** Germaine Galerneau et Jeanne Grisé-Allard
Tous les secrets du golf selon Arnold Palmer, Arnold Palmer
La trompette sans professeur, Digby Fairweather
* **Les vacances en famille: comment s'en sortir vivant,** Erma Bombeck
Villeneuve — Ma première saison en Formule 1, J. Villeneuve et G. Donaldson
Le violon sans professeur, Max Jaffa
Voir plus clair aux échecs, Henri Tranquille et Louis Morin
Le volley-ball, Fédération de volley-ball

Psychologie, vie affective, vie professionnelle, sexualité

20 minutes de répit, Ernest Lawrence Rossi et David Nimmons
1001 stratégies amoureuses, Marie Papillon
À dix kilos du bonheur, Danielle Bourque
L'adultère est un péché qu'on pardonne, Bonnie Eaker Weil et Ruth Winter
* **Aider mon patron à m'aider,** Eugène Houde
Aimer et se le dire, Jacques Salomé et Sylvie Galland
À la découverte de mon corps — Guide pour les adolescentes, Lynda Madaras
À la découverte de mon corps — Guide pour les adolescents, Lynda Madaras
L'amour comme solution, Susan Jeffers
* **L'amour, de l'exigence à la préférence,** Lucien Auger
* **L'amour en guerre,** Guy Corneau
Les anges, mystérieux messagers, Collectif
Apprendre à dire non, Marcelle Lamarche et Pol Danheux
L'approche émotivo-rationnelle, Albert Ellis et Robert A. Harper
L'art de parler en public, Ed Woblmuth
L'art d'être parents, Dr Benjamin Spock
Attention, parents!, Carol Soret Cope
Balance en amour, Linda Goodman
Bélier en amour, Linda Goodman
Bientôt maman, Janet Whalley, Penny Simkin et Ann Keppler
* **Le bonheur au travail,** Alan Carson et Robert Dunlop
Cancer en amour, Linda Goodman
Capricorne en amour, Linda Goodman
Ces chers parents!..., Christina Crawford
Ces gens qui vous empoisonnent l'existence, Lillian Glass
* **Ces hommes qui méprisent les femmes... et les femmes qui les aiment,** Dr Susan Forward et
Joan Torres
Ces visages qui en disent long, Jeanne-Élise Alazard
Changer en douceur, Alain Rochon
Changer ensemble — Les étapes du couple, Susan M. Campbell
Changer, oui, c'est possible, Martin E. P. Seligman
Les clés du succès, Napoleon Hill
Comment aider mon enfant à ne pas décrocher, Lucien Auger
Comment communiquer avec votre adolescent, E. Weinhaus et K. Friedman
Comment contrôler l'inquiétude et l'utiliser efficacement, Dr E. M. Hallowell
Comment faire l'amour sans danger, Diane Richardson
* **Comment parler en public,** S. Barrat et C. H. Godefroy
Comment s'amuser à séduire l'autre, Lili Gulliver
Comment s'entourer de gens extraordinaires, Lillian Glass
Communiquer avec les autres, c'est facile!, Érica Guilane-Nachez
Le complexe de Casanova, Peter Trachtenberg
* **Comprendre et interpréter vos rêves,** Michel Devivier et Corinne Léonard
La côte d'Adam, M. Geet Éthier
Découvrez votre quotient intellectuel, Victor Serebriakoff
Découvrir un sens à sa vie avec la logothérapie, Viktor E. Frankl
Le défi de vieillir, Hubert de Ravinel
* **De ma tête à mon cœur,** Micheline Lacasse
La dépression contagieuse, Ronald M. Podell
La deuxième année de mon enfant, Frank et Theresa Caplan
Devenez riche, Napoleon Hill
* **Dieu ne joue pas aux dés,** Henri Laborit
Les douze premiers mois de mon enfant, Frank Caplan

Le pouvoir d'Aladin, Jack Canfield et Mark Victor Hansen
Le pouvoir de la couleur, Faber Birren
Préparez votre enfant à l'école dès l'âge de 2 ans, Louise Doyon
* **Prévenir et surmonter la déprime,** Lucien Auger
Le principe de Peter, L. J. Peter et R. Hull
Psychologie de l'enfant de 0 à 10 ans, Françoise Cholette-Pérusse
* **La puberté,** Angela Hines
La puissance de la vie positive, Norman Vincent Peale
La puissance de l'intention, Richard J. Leider
Qui a peur d'Alexander Lowen?, Édith Fournier
Réfléchissez et devenez riche, Napoleon Hill
La réponse est en moi, Micheline Lacasse
Les rêves, messagers de la nuit, Nicole Gratton
Rompre pour de bon!, Joyce L. Vedral
Ronde et épanouie!, Cheri K. Erdman
S'affirmer au quotidien, Éric Schuler
S'affirmer et communiquer, Jean-Marie Boisvert et Madeleine Beaudry
S'aider soi-même davantage, Lucien Auger
Sagittaire en amour, Linda Goodman
Scorpion en amour, Linda Goodman
Se comprendre soi-même par des tests, Collaboration
Se connaître soi-même, Gérard Artaud
Secrets d'alcôve, Iris et Steven Finz
Les secrets de la flexibilité, Priscilla Donovan et Jacquelyn Wonder
Les secrets de l'astrologie chinoise ou le parfait bonheur, André H. Lemoine
* **Se guérir de la sottise,** Lucien Auger
S'entraider, Jacques Limoges
* **La sexualité du jeune adolescent,** Dr Lionel Gendron
Si je m'écoutais je m'entendrais, Jacques Salomé et Sylvie Galland
* **Superlady du sexe,** Susan C. Bakos
Taureau en amour, Linda Goodman
Le temps d'apprendre à vivre, Lucien Auger
Tics et problèmes de tension musculaire, Kieron O'Connor et Danielle Gareau
Tirez profit de vos erreurs, Gerard I. Nierenberg
Tout se joue avant la maternelle, Masaru Ibuka
* **Travailler devant un écran,** Dr Helen Feeley
Un autre corps pour mon âme, Michael Newton
* **Un monde insolite,** Frank Edwards
* **Un second souffle,** Diane Hébert
Verseau en amour, Linda Goodman
* **La vie antérieure,** Henri Laborit
Vieillir au masculin, Hubert de Ravinel
Vierge en amour, Linda Goodman
Vivre avec un cardiaque, Rhoda F. Levin
Vos enfants consomment-ils des drogues?, Steve Carper et Timothy Dimoff
Votre enfant est-il trop sensible?, Janet Poland et Judi Craig
Votre enfant est-il victime d'intimidation?, Sarah Lawson
Vouloir c'est pouvoir, Raymond Hull
Vous valez mieux que vous ne pensez, Patricia Cleghorn

---

* Pour l'Amérique du Nord seulement.

(98/06)

imprimerie gagné ltée

IMPRIMÉ AU CANADA